IG BAS

Je mange sain

Au quotidien

130

Recettes inratables

D1696983

Clara DURAND

Sommaire

Introduction

L'indice glycémique est un moyen de mesurer à quelle vitesse un glucide se transforme en sucre dans notre corps et apparaît dans la circulation sanguine.

L'indice glycémique est mesuré sur une échelle de 1 à 100 :

Les niveaux d'IG inférieurs à 55 sont considérés comme faibles, ce qui indique que le glucide particulier est excellent pour maintenir la glycémie stable.

L'indice glycémique moyen varie de 55 à 70. Les glucides dans cette gamme sont modérément souhaitables.

Les glucides à IG élevé ont un indice glycémique supérieur à 70 et augmentent très rapidement la glycémie.

Le glucose a l'indice glycémique le plus élevé de 100, ce qui signifie qu'il augmente instantanément la glycémie.

QUE SE PASSE-T-IL LORSQUE JE MANGE UN REPAS À IG ÉLEVÉ ?

Dès que vous mangez un aliment à IG élevé, votre glycémie augmente rapidement. En réponse à cela, votre corps déclare l'état d'urgence et commence à produire de l'insuline (l'hormone de stockage des graisses) afin d'éliminer la glycémie de la circulation sanguine.

L'insuline pompe le sucre dans le sang dans les cellules adipeuses. S'il n'y a pas assez de cellules graisseuses disponibles, le corps en fabriquera davantage.

Comme votre corps travaille dur pour essayer de réduire le pic de glycémie causé par un repas à IG élevé, il produit souvent une quantité excessive d'insuline et provoque une baisse de la glycémie.

Vous venez d'avoir une glycémie élevée, mais avant que vous ne vous en rendiez compte, la glycémie chute et vous avez à nouveau faim. Vous êtes maintenant à l'affût de votre prochain repas et vous choisirez probablement un autre repas à IG élevé. Et le processus recommence.

QUELS ALIMENTS SONT DES ENNEMIS DE LA GLYCÉMIE OU UN IG ÉLEVÉ ?

Elles sont:

- **Les aliments transformés**

- **La plupart des types de pommes de terre**

- **Pain blanc**

- **Pattes blanches**

- **La plupart des types de riz**

- **Gâteaux et beignets**

- **Aliments sucrés et bonbons**

- **Jus de fruits.**

Ne sont-ils pas les aliments qui sont consommés plusieurs fois par jour par la plupart des gens ? Pas étonnant que l'obésité et le diabète aient atteint des proportions aussi énormes dans le monde d'aujourd'hui !

Mais la bonne nouvelle, c'est qu'il y a tellement d'aliments à indice glycémique bas et moyen que vous ne vous sentirez en aucun cas privé !

INDICE GLYCÉMIQUE VS CHARGE GLYCÉMIQUE

L'indice glycémique peut parfois prêter à confusion car il ne reflète pas la quantité réelle de glucides dans un aliment particulier. Pour aider à clarifier cette confusion, un autre indice du potentiel d'augmentation de la glycémie des aliments contenant des glucides a été développé. C'est ce qu'on appelle la charge glycémique.

La charge glycémique est calculée en multipliant l'indice glycémique d'un aliment particulier par les grammes de glucides contenus dans une quantité spécifique d'aliment. Le résultat est ensuite divisé par 100. La formule de la charge glycémique ressemble à ceci :

GL (charge glycémique) = (IG (index glycémique) X la quantité de glucides) / 100

Par exemple, une pomme a un IG de 40 et contient 15 grammes de glucides. Ainsi, nous allons calculer le GL d'une pomme comme suit : 40 X 15 / 100 = 6 g. La charge glycémique d'une pomme est de 6.

Une charge glycémique inférieure à 10 est considérée comme faible ; Un GL de 10 à 20 est considéré comme modéré ou moyen, et un GL supérieur à 20 est considéré comme élevé.

La charge glycémique nous aide à comprendre pourquoi certains fruits à index glycémique élevé sont toujours bons pour nous et ne font pas augmenter la glycémie.

Par exemple, une pastèque avec un index glycémique de 72 et un cantaloup avec un index glycémique de 65 ont une faible charge glycémique de 4.

D'un autre côté, les jus de fruits font grimper la glycémie malgré le fait qu'ils peuvent avoir le même indice glycémique que le fruit dont ils sont faits.

Par exemple, la pomme fraîche et le jus de pomme ont le même indice glycémique de 40. Mais la pomme fraîche a une charge glycémique de 6 et le jus de pomme a une charge glycémique de 12, ce qui signifie que le jus de pomme aura deux fois l'effet métabolique d'une pomme.

L'index glycémique et la charge glycémique sont tous deux des principes importants à comprendre si vous voulez apprendre à maintenir votre glycémie stable tout au long de la journée et/ou si vous souhaitez savoir comment une alimentation à faible indice glycémique peut vous aider à perdre le maintien d'une alimentation/d'un mode de vie sains.

POURQUOI CHOISIR UNE ALIMENTATION À FAIBLE INDICE GLYCÉMIQUE ?

Il y a trois raisons principales de choisir une alimentation à faible indice glycémique :

1. POUR GÉRER LES SYMPTÔMES

Un régime à faible indice glycémique peut être recommandé pour aider à gérer les symptômes de maladies ou d'affections liées à la glycémie, par exemple, le diabète de type 2 ou le syndrome des ovaires poly kystiques.

Dans ces cas, il est important de travailler avec un fournisseur de soins de santé qualifié pour créer un plan de repas personnalisé. Ceux qui gèrent les symptômes d'une maladie pourraient devoir suivre un régime très strict à faible indice glycémique et ne manger que des aliments à faible IG.

2. POUR AIDER À LA PERTE DE POIDS

L'alimentation à faible indice glycémique est souvent utilisée pour aider à perdre du poids. Si la prise de poids a été causée par un problème médical, il est également très important de consulter un consultant en nutrition qualifié.

Ceux qui suivent un régime à faible indice glycémique afin de perdre du poids pourraient être en mesure d'incorporer à leur régime alimentaire des aliments à indice glycémique moyen ou des aliments à IG élevé mais à faible indice de référence tels que les fruits, les légumes féculents et les légumes-racines, ainsi que les haricots, les pâtes, et les grains entiers. Il est également important de prendre en considération la tolérance personnelle de ces aliments.

3. POUR AIDER À MAINTENIR UN MODE DE VIE SAIN

Comprendre les principes d'une alimentation à faible indice glycémique peut également être utile pour ceux qui veulent simplement manger sainement.

Les aliments à faible indice glycémique sont pour la plupart des aliments entiers dont nous ne mangeons généralement pas assez. Par conséquent, garder à l'esprit une approche d'alimentation à faible indice glycémique lors de la planification des repas en famille est un excellent moyen de rester sur la bonne voie avec une alimentation saine.

Les aliments entiers à indice glycémique moyen, ainsi que les aliments à IG élevé et faible comme les fruits, les légumes féculents et les légumes-racines, ainsi que les haricots, les pâtes et les grains entiers constituent également d'excellents choix sains.

Chapitre 1

Recettes

De Pâtes

Pâtes au saumon fumé

Préparation : 45 min / Cuisson : 10 min / Portions : 6

INGRÉDIENTS

- 1 concombre, pelé, épépiné, haché finement
- 400g de spaghettis
- 1 cuillère à soupe d'huile d'olive extra vierge
- 200g de crème fraîche
- 1 cuillère à soupe de vinaigre de vin blanc
- 1 gousse d'ail, écrasée
- Le zeste finement râpé d'1 citron, plus le jus d'1/2 citron
- 1 cuillère à soupe de câpres, rincées, égouttées
- 2 cuillères à soupe d'aneth haché
- 2 cuillères à soupe de ciboulette hachée
- 200 g de saumon fumé, haché finement, plus des tranches supplémentaires pour servir
- 50g d'œufs de saumon
- Brins de persil ou de cerfeuil, pour servi

MÉTHODE

1. Placer le concombre dans une passoire dans l'évier et saupoudrer généreusement de sel. Laissez égoutter pendant 30 minutes, puis rincez, égouttez et séchez avec du papier absorbant.

2. Pendant ce temps, faites cuire les pâtes dans de l'eau bouillante salée selon les instructions du paquet. Égoutter et rafraîchir, puis mélanger avec de l'huile.

3. Mélanger la crème fraîche, le vinaigre, l'ail, le zeste et le jus de citron, les câpres, l'aneth et la ciboulette dans un bol, puis assaisonner et mélanger avec les pâtes, le concombre et le saumon haché. Répartir dans des bols et garnir de tranches de saumon, d'œufs et de brins d'herbes.

Pâtes aux boulettes de viande avec sauce verte

__Préparation : 25 min / Cuisson : 20 min / Portions : 4__

INGRÉDIENTS

- 400 g de boeuf haché maigre
- 1/3 tasse (25 g) de parmesan finement râpé, plus un peu plus pour servir
- 1/3 tasse (80g) de ricotta fraîche
- 1 œuf, légèrement battu
- 1 tasse (70g) de chapelure fraîche
- 2 cuillères à soupe d'huile d'olive extra vierge
- 500g de pâtes longues
- **SAUCE VERTE**
- 2 gousses d'ail, hachées

- 2 cuillères à soupe de petites câpres, rincées, égouttées
- 2 filets d'anchois à l'huile, égouttés
- 1 cuillère à café de moutarde de Dijon
- 1 cuillère à soupe de vinaigre de vin rouge
- 1 bouquet de persil plat, feuilles cueillies
- 1 bouquet de basilic, feuilles cueillies
- 1/2 tasse de feuilles de menthe
- 200 ml d'huile d'olive extra vierge

MÉTHODE

1. Mettre le hachis, le parmesan, la ricotta, l'œuf et la chapelure dans un bol et assaisonner de sel et de poivre. Bien mélanger pour combiner, puis rouler en 24 boules de la taille d'une noix. Réfrigérer pendant 10 minutes.

2. Pendant ce temps, pour la salsa verde, mettre l'ail, les câpres, les anchois, la moutarde et le vinaigre dans un robot culinaire. Hacher grossièrement les herbes, puis les ajouter au robot et mélanger jusqu'à l'obtention d'une pâte grossière. Avec le moteur en marche, ajoutez de l'huile en un mince filet régulier jusqu'à consistance lisse et émulsionnée. Assaisonner et réserver.

3. Chauffer l'huile dans une poêle à feu moyen-élevé. Par lots, cuire es boulettes de viande en les retournant pendant 5 minutes ou jusqu'à ce qu'elles soient bien cuites.

4. Pendant ce temps, cuire les pâtes dans de l'eau bouillante salée selon les instructions du paquet ou jusqu'à ce qu'elles soient al dente. Drainer.

5. Mélanger les pâtes avec les boulettes de viande et la salsa verde. Répartir dans des bols, saupoudrer de parmesan supplémentaire et servir.

Ragoût de pâtes à la tomate, basilic et brie

Préparation : 15 min / Cuisson : 10 min / Portions : 4

INGRÉDIENTS

- 1/3 tasse (80 ml) d'huile d'olive extra vierge
- 3 gousses d'ail, tranchées finement
- 8 tomates mûries sur pied, épépinées, hachées
- 375 g de feuilles de lasagnes fraîches, grossièrement déchirées
- 200 g de brie tranché
- Feuilles de basilic, pour servir

MÉTHODE

1. Mettre l'huile et l'ail dans une poêle froide et faire chauffer à feu moyen. Cuire pendant 3-4 minutes, en remuant, jusqu'à ce qu'ils ramollissent. Ajouter la tomate, assaisonner et retirer du feu.

2. Pendant ce temps, cuire les pâtes dans de l'eau bouillante salée selon les instructions du paquet. Égoutter, puis mélanger les pâtes avec la sauce. Garnir de brie et de basilic. Assaisonner et servir.

Pâtes Puttanesca

Préparation : 10 min / Cuisson : 15 min / Portions : 4

INGRÉDIENTS

- 2 cuillères à soupe d'huile d'olive
- 3 gousses d'ail, tranchées finement
- 6 anchois à l'huile, égouttés, hachés
- 2 cuillères à soupe de câpres salées, rincées
- 150 g d'olives noires, coupées en deux si grosses
- 1 long piment rouge, épépiné, haché
- 1 cuillère à café de piment en poudre
- 1 cuillère à café d'origan séché
- 400 g de tomates concassées
- 400g de spaghettis
- 1 tasse de feuilles de persil plat, hachées

MÉTHODE

1. Chauffer l'huile dans une poêle à feu moyen. Ajouter l'ail et cuire, en remuant, pendant 1 minute ou jusqu'à ce qu'il soit parfumé. Ajouter les anchois, les câpres, les olives et le piment frais et séché, puis cuire en remuant pendant 2-3 minutes. Ajouter l'origan et la tomate, puis laisser mijoter à feu doux pendant 10 minutes ou jusqu'à épaississement. Pendant ce temps, faites cuire les spaghettis dans une casserole d'eau bouillante salée selon les instructions du paquet. Drainer.

2. Incorporer le persil à la sauce, puis ajouter les pâtes, mélanger et servir.

Pâtes à la sauce citronnée

__Préparation : 35 min / Cuisson : 10 min / Portions : 4__

INGRÉDIENTS

- 500g de farine nature
- 3 gros œufs

SAUCE

- 2 jaunes d'œufs
- 1 citron, en jus, plus un supplément pour assaisonner
- 3 cuillères à soupe de parmesan râpé
- 3/4 tasse de crème fine

MÉTHODE

1. Tamisez la farine en un monticule sur un établi et faites un puits au centre. Casser les œufs dans le puits, un à la fois, en les mélangeant à la farine du centre vers l'extérieur. (Tentez la pâte, si elle est trop sèche, ajoutez un autre œuf. Si elle est trop collante, ajoutez plus de farine.) Pétrissez, mais ne travaillez pas trop la pâte. Couper la pâte en lanières et passer plusieurs fois dans la machine à pâtes, en commençant par le réglage le plus large. Ensuite, passez à travers le coupe-fettuccine.

2. Pour faire la sauce citronnée, mélangez tous les ingrédients ensemble. Assaisonner au goût et ajouter du jus de citron supplémentaire, si désiré.

3. 3.Pour servir, faire bouillir les pâtes jusqu'à ce qu'elles soient al dente, filtrer et mélanger la sauce aux pâtes. (Des lanières de poulet cuites peuvent être ajoutées si désiré.)

Pâtes à la truite fumée et chapelure de persil

Préparation : 5 min / Cuisson : 20 min / Portions : 4

INGRÉDIENTS

- 300g de formes de pâtes sèches
- 300 ml de crème pure (fine)
- 2 gousses d'ail, tranchées finement
- 2 portions de 170g de truite de mer fumées à chaud sans peau (voir note), émiettées en gros morceaux
- 2 cuillères à soupe de câpres salées, rincées, égouttées
- 1/2 tasse (35g) de chapelure fraîche
- Le zeste finement râpé d'1 citron
- 1/4 tasse de feuilles de persil plat finement hachées

MÉTHODE

1. Préchauffer le four à 190°C. Cuire les pâtes dans une grande casserole d'eau bouillante salée selon les instructions du paquet. Égoutter les pâtes et les placer dans un plat allant au four de 1,5 litre (6 tasses).

2. Pendant la cuisson des pâtes, faire mijoter la crème, l'ail et la truite dans une poêle à feu moyen pendant 2 minutes. Incorporer les câpres et assaisonner de poivre. Verser sur les pâtes et mélanger délicatement pour combiner. Parsemer de chapelure, de zeste et de persil. Cuire au four pendant 8 minutes jusqu'à ce que les miettes soient dorées.

Pâtes rapides et boulettes de viande

Préparation : 15 min / Cuisson : 25 min / Portions : 4

INGRÉDIENTS

- 500 g de saucisses de porc et d'herbes de bonne qualité
- 2 tasses (500 ml) de passata de tomates (tomates tamisées)
- 1 tasse (250 ml) de bouillon de poulet
- 400g de pâtes rigatoni ou penne
- 1 cuillère à soupe d'huile d'olive
- Feuilles de basilic ciselées et parmesan râpé, pour servir

MÉTHODE

1. Préchauffer le four à 180°C et tapisser une plaque à pâtisserie de papier sulfurisé.

2. Pressez la viande des boyaux de saucisse (jetez les boyaux), puis roulez-la en petites boules d'environ 2 cm de diamètre. Étaler les boulettes de viande en une seule couche sur la plaque de cuisson et cuire au four pendant 15 minutes ou jusqu'à ce qu'elles soient dorées.

3. Pendant que les boulettes de viande cuisent, placez la passata de tomates et le bouillon de poulet ou l'eau dans une grande casserole à feu moyen. Bien assaisonner avec du sel de mer et du poivre noir fraîchement moulu, puis laisser mijoter à feu moyen pendant 5 minutes ou jusqu'à ce qu'il réduise légèrement. Sortez les boulettes du four et égouttez l'excès de graisse. Ajouter les boulettes de viande à la sauce et laisser mijoter à feu moyen-doux pendant 10 minutes ou jusqu'à ce que la sauce épaississe.

4. Pendant ce temps, faites cuire les pâtes dans une grande casserole d'eau bouillante salée selon les instructions du paquet, puis égouttez-les et mélangez-les avec l'huile d'olive.

5. Répartir les pâtes dans les assiettes, garnir de boulettes de viande et de sauce, et servir avec du basilic et du parmesan.

Pâtes courtes aux petits pois, bocconcini déchiré et tomates

__Préparation : 15 min / Cuisson : 10 min / Portions : 4__

INGRÉDIENTS

- 400g de trofie ou autres pâtes courtes
- 1 tasse (120 g) de petits pois frais (350 g sans gousse) ou de petits pois surgelés
- 1 gousse d'ail, hachée finement
- 200 g de tomates raisins ou cerises coupées en quartiers
- 3 tomates séchées, hachées finement
- 1 cuillère à soupe d'huile d'olive
- 2 cuillères à soupe de basilic finement haché
- 200 g de bocconcini aux cerises, déchirés

MÉTHODE

1. Cuire les pâtes dans une grande casserole d'eau bouillante salée se on les instructions du paquet. Cuire les pois avec les pâtes pendant les 3 dernières minutes ou jusqu'à ce qu'ils soient tendres. Égoutter en réservant 1/3 tasse (80 ml) de liquide de cuisson.

2. Pendant ce temps, mélanger l'ail, les tomates fraîches et séchées, l'huile d'olive, le basilic et les bocconcini dans un grand bol. Assaisonner au goût avec du sel et beaucoup de poivre noir.

3. Remettre les pâtes, les pois et le liquide de cuisson dans la même poêle, ajouter le mélange de tomates et bien mélanger. Répartir dans des bols et servir immédiatement.

Pâtes au pesto de basilic

__Préparation : 10 min / Cuisson : 10 min / Portions : 4__

INGREDIENTS

- 375g de linguines
- 1 tasse de feuilles de basilic frais
- 2 cuillères à soupe de pignons de pin, grillés
- 1 gousse d'ail, écrasée
- 2 cuillères à soupe de parmesan râpé
- 1/4 tasse d'huile d'olive extra vierge
- Fromage parmesan râpé, pour servir
- Sel et poivre, pour assaisonner

METHODE

1. Cuire les pâtes dans une casserole d'eau bouillante salée, en suivant les instructions du paquet jusqu'à tendreté. Égoutter. Remettre dans la casserole.
2. Pendant ce temps, mélanger le basilic, les pignons, l'ail et le parmesan, en raclant les parois de temps en temps, jusqu'à ce qu'ils soient presque lisses.
3. Apprenez à éplucher, hacher et écraser l'ail pour l'utiliser dans des recettes.
4. Avec le moteur en marche, ajoutez de l'huile en un jet lent et régulier. Processus à combiner. Assaisonner de sel et de poivre.
5. Ajouter le pesto aux pâtes. Mélanger pour combiner et garnir de parmesan. Servir

Pâtes à l'ail et aux crevettes

Préparation : 10 min / Cuisson : 15 min / Portions : 4

INGREDIENTS

- 200g de pâtes cheveux d'ange séchées
- 1/3 tasse d'huile d'olive extra vierge
- 4 gousses d'ail, écrasées
- 1 cuillère à café de flocons de piment
- 1 cuillère à café de sel
- 400g de crevettes vertes, décortiquées, queues intactes
- 1/4 tasse de jus de citron
- 1/4 tasse de feuilles de persil plat frais finement hachées
- Huile d'olive extra vierge, pour servir

METHODE

1. Cuire les pâtes dans une grande casserole d'eau bouillante salée en suivant les instructions du paquet jusqu'à tendreté. Égoutter. Couvrir pour garder au chaud.

2. Étape 2

3. Pendant ce temps, chauffer l'huile dans une grande poêle à frire profonde à feu moyen-vif. Ajouter l'ail, le piment et le sel. Cuire, en remuant, pendant 1 à 2 minutes ou jusqu'à ce qu'il soit parfumé. Ajouter les crevettes. Cuire, en remuant, de 3 à 4 minutes ou jusqu'à ce que les crevettes deviennent roses et soient presque cuites.

4. Ajouter les pâtes, le jus de citron et le persil dans la poêle. Cuire en remuant pendant 1 minute ou jusqu'à ce que le tout soit bien mélangé et que les crevettes soient bien cuites. Servir arrosé d'huile.

Spaghetti au citron avec œufs pochés et roquette

Préparation : 10 min / Cuisson : 15 min / Portions : 4

INGREDIENTS

- 400 g de pâtes spaghetti séchées
- 4 œufs
- 60 ml (1/4 tasse) d'huile d'olive
- 2 gousses d'ail, écrasées
- 1 cuillère à soupe de zeste de citron finement râpé
- 80 ml (1/3 tasse) de jus de citron frais
- 1 x 120g de feuilles de roquette bébé
- Parmesan râpé, pour servir

METHODE

1. Cuire les pâtes dans une grande casserole d'eau bouillante en suivant les instructions du paquet ou jusqu'à ce qu'elles soient al dente. Égoutter. Remettre dans la casserole.

2. Pendant ce temps, placez une casserole moyenne d'eau à feu vif. Porter à ébullition. Réduire le feu à moyen-doux. Utilisez une grande cuillère pour mélanger l'eau pour faire un bain à remous. Casser délicatement 1 œuf au centre du bain à remous et pocher pendant 3 à 4 minutes pour un œuf mou ou jusqu'à ce qu'il soit cuit à votre goût. Utilisez une cuillère trouée pour transférer dans une assiette. Répétez avec les œufs restants.

3. Ajouter l'huile, l'ail, le zeste de citron, le jus de citron et la roquette aux pâtes et mélanger jusqu'à ce que le tout soit bien mélangé. Répartir les pâtes dans des bols de service et garnir d'œufs pochés. Saupoudrer de parmesan et assaisonner de sel et de poivre avant de servir.

Pâtes au thon citronné et herbes mélangées

Préparation : 10 min / Cuisson : 15 min / Portions : 4

INGREDIENTS

- 5 tasses (350 g) de grosses pâtes séchées
- 425g de conserve de thon à l'huile d'olive
- 4 oignons verts, tranchés finement
- 2 gousses d'ail, tranchées finement
- 3 cuillères à café de zeste de citron finement râpé
- 1/2 tasse de feuilles de persil plat frais entières
- 2 cuillères à soupe de feuilles de basilic frais hachées
- 1/4 tasse de jus de citron
- Petites feuilles de basilic frais, pour servir

METHODE

1. Cuire les pâtes dans une grande casserole d'eau bouillante salée en suivant les instructions du paquet jusqu'à ce qu'elles soient tendres. Égoutter.

2. Pendant ce temps, égoutter le thon en réservant 1/4 tasse d'huile d'olive. Thon en flocons. Faites chauffer 2 cuillères à café d'huile d'olive réservée dans une grande poêle à feu moyen. Ajouter l'oignon. Cuire, en remuant, pendant 1 minute. Ajouter l'ail. Cuire, en remuant, pendant 1 minute ou jusqu'à ce qu'il soit parfumé. Ajouter le thon et le zeste de citron. Remuer doucement pendant 2 minutes ou jusqu'à ce que le thon soit bien chaud.

3. Ajouter les pâtes à la poêle avec le persil, le basilic, le jus de citron et le reste de l'huile. Remuer doucement pendant 1 à 2 minutes ou jusqu'à ce que le tout soit chaud. Assaisonnez avec du sel et du poivre. Servir.

Pâtes au thon citronné

Préparation : 10 min / Cuisson : 10 min / Portions : 4

INGREDIENTS

- 375g de spaghettis
- 1/3 tasse de pignons de pin
- 425g de boîte de thon à l'eau de source, égoutté, émietté
- 2 cuillères à soupe d'huile d'olive
- 3 cuillères à café de zeste de citron finement râpé
- 1/4 tasse de jus de citron
- 1/3 tasse de feuilles de persil plat frais hachées grossièrement
- zeste de citron, pour servir

METHODE

1. Cuire les pâtes dans une grande casserole d'eau bouillante salée, en suivant les instructions du paquet, jusqu'à ce qu'elles soient tendres. Égoutter.

2. Pendant ce temps, mettre les pignons de pin dans une poêle à feu moyen. Cuire 1 à 2 minutes ou jusqu'à ce qu'ils soient légèrement dorés.

3. Mettre le thon dans un bol. Ajouter l'huile, le zeste de citron, le jus de citron, le persil, les pignons et les pâtes. Assaisonnez avec du sel et du poivre. Mélanger pour combiner. Servir garni de zeste de citron.

Chapitre 2

Recettes

De salades

Salade de pâtes aux haricots verts et pois mange-tout

Préparation : 10 min / Cuisson : 20 min / Portions : 6

INGREDIENTS

- 200 g de spaghettis coupés en tronçons de 5 cm
- 250 g de haricots verts, parés
- 250 g de pois mange-tout, parés
- 1 courgette moyenne, râpée
- 2 cuillères à soupe de câpres égouttées
- 1/2 petit oignon rouge, haché finement
- 2 cuillères à soupe d'aneth frais haché
- 1/2 tasse de vinaigrette française
- 1 avocat moyen, haché finement

METHODE

1. Cuire les pâtes dans une grande casserole d'eau bouillante salée, en suivant les instructions du paquet jusqu'à tendreté. Égoutter. Rincer sous l'eau froide. Bien égoutter.

2. Pendant ce temps, cuire les haricots et les pois mange-tout dans une petite casserole d'eau bouillante pendant 2 minutes ou jusqu'à ce qu'ils soient justes tendres. Rincer sous l'eau froide. Égoutter. Couper en tronçons de 3 cm.

3. Placer le mélange de haricots, les courgettes, les câpres, l'oignon, l'aneth et les pâtes refroidies dans un grand bol. Assaisonnez avec du sel et du poivre. Ajoutez de la vinaigrette. Mélanger pour combiner. Ajouter l'avocat. Mélanger doucement. Servir.

Salade de pâtes aux légumes grillés et au piment

Préparation : 10 min / Cuisson : 20 min / Portions : 6

INGREDIENTS

- 3 tasses de pâtes en spirale séchées
- 3 gros épis de maïs, cosses et soie enlevés
- 2 gros poivrons rouges, coupés en quatre, épépinés
- 4 piments bull Horn verts, coupés en deux, épépinés
- 1 oignon rouge moyen, coupé en quartiers
- 2 cuillères à soupe d'huile de son de riz Alfa One
- 1 long piment rouge, tranché finement
- 1 tasse de feuilles de coriandre fraîche
- 1/3 tasse de jus de citron vert

METHODE

1. Cuire les pâtes dans une grande casserole d'eau bouillante salée, en suivant les instructions du paquet, jusqu'à ce qu'elles soient tendres. Égoutter. Rincer à l'eau froide. Bien égoutter. Transférer dans un grand bol.

2. Pendant ce temps, chauffer un grill ou un barbecue à feu vif. Placer le maïs, le poivron, le piment mégaphone et l'oignon dans un bol. Arroser d'huile. Mélanger pour enrober. Cuire le maïs pendant 10 minutes, en le retournant, ou jusqu'à ce qu'il soit doré.

3. Cuire le poivron, le piment et l'oignon pendant 5 minutes de chaque côté ou jusqu'à ce qu'ils soient tendres et que la peau du poivron et du piment soit noircie et boursouflée. Transférer le poivron et le piment dans un sac à fermeture à pression. Laisser reposer 5 minutes. Peler et jeter les peaux. Trancher épaisse.

4. Couper les grains des épis et les ajouter aux pâtes. Ajouter le poivron, les piments rouges et mégaphones, l'oignon, la coriandre et le jus de lime. Assaisonnez avec du sel et du poivre. Mélanger et servir.

Salade de pâtes, asperges et tomates marinées

Préparation : 15 min / Cuisson : 10 min / Portions : 4

INGRÉDIENTS

- 200g de formes de pâtes séchées (comme des gnocchis ou des coquilles)
- 250 g de tomates raisins, coupées en quatre dans le sens de la longueur
- 3 oignons nouveaux, hachés finement
- 1 cuillère à soupe d'huile de son de riz ou d'huile de tournesol
- 1 cuillère à soupe de vinaigre de vin blanc
- 2 bottes d'asperges fines, extrémités ligneuses parées

MÉTHODE

1. Cuire les pâtes dans une casserole d'eau bouillante salée selon les instructions du paquet. Rincer sous l'eau froide, puis bien égoutter.

2. Pendant ce temps, mélanger les tomates, la ciboule, l'huile et le vinaigre dans un grand bol et assaisonner au goût avec du sel et du poivre. Laisser reposer pendant la cuisson des pâtes.

3. Couper les pointes des asperges. Couper les tiges en deux dans le sens de la longueur, puis les coupés en tronçons de 3 cm. Placez les pointes et les tiges dans un bol résistant à la chaleur et versez suffisamment d'eau bouillante pour couvrir. Laisser reposer 1 minute, puis rincer à l'eau froide et égoutter.

4. Ajouter les asperges et les pâtes égouttées au mélange de tomates, assaisonner au goût avec du sel et du poivre et mélanger pour combiner. Répartir dans des bols de service et servir.

Salade de pâtes cocktail aux crevettes

Préparation : 20 min / Cuisson : 10 min / Portions : 4

INGRÉDIENTS

- 400g de linguini séché (ou autres pâtes longues)
- 2 cuillères à soupe d'huile d'olive extra vierge
- 1/4 tasse (75 g) de mayonnaise aux œufs entiers
- Le zeste finement râpé et le jus d'1 citron
- 2 cuillères à soupe de crème pure (fine)
- 1 cuillère à café de sauce tomate (ketchup)
- 1 cuillère à café de sauce Worcestershire
- Sauce Tabasco, au goût
- 2 cuillères à soupe de feuilles de persil plat finement hachées
- 1 laitue gemme, coupée en quartiers
- 12 crevettes cuites, décortiquées (queues intactes), déveinées
- 1 avocat, haché

MÉTHODE

1. Cuire les pâtes selon les instructions du paquet ou jusqu'à ce qu'e les soient al dente, égoutter et rafraîchir. Mélanger les pâtes égouttées avec l'huile et laisser refroidir.

2. Dans un bol, fouetter ensemble la mayonnaise, le zeste et le jus de citron, la crème, la sauce tomate, la sauce Worcestershire et le Tabasco, puis assaisonner. Mélanger les deux tiers de la sauce avec les pâtes refroidies et le persil.

3. Pour servir, répartir les pâtes garnies dans des bols de service. Disposer un quartier de laitue sur le côté de chaque bol et garnir les pâtes de crevettes décortiquées et d'avocat haché. Arroser du reste de la sauce, assaisonner de poivre noir fraîchement moulu et servir.

Salade de pâtes aux coquillages avec feta, bacon, tomate et menthe

Préparation : 15 min / Cuisson : 15 min / Portions : 8

INGRÉDIENTS

- 2 cuillères à soupe d'huile d'olive
- 2 oignons, hachés finement
- 3 tranches de bacon, coupées en bâtonnets
- 350g de pâtes en forme de coquille
- 3 tomates, épépinées, hachées
- 3/4 tasse (150 g) de fetta à la crème entière, émiettée
- 1 tasse de feuilles de menthe, hachées

MÉTHODE

1. Chauffer 1 cuillère à soupe d'huile dans une grande poêle à feu moyen-doux. Cuire l'oignon en remuant pendant 2-3 minutes jusqu'à ce qu'il ramollisse légèrement. Ajouter le bacon et cuire, en remuant, pendant 12 à 14 minutes jusqu'à ce que la graisse soit fondue et que l'oignon soit tendre. Réserver au frais.

2. Pendant ce temps, cuire les pâtes dans de l'eau bouillante salée selon les instructions du paquet jusqu'à ce qu'elles soient al dente. Égoutter et rafraîchir sous l'eau froide.

3. Mélanger la tomate, la feta et la menthe dans un bol, assaisonner, puis incorporer le mélange de bacon et 1 cuillère à soupe d'huile restante. Ajouter les pâtes et mélanger pour combiner, puis servir.

Salade de pâtes au saumon fumé

Préparation : 20 min / Cuisson : 10 min / Portions : 6

INGRÉDIENTS

- 500g de trofie ou autres pâtes courtes
- 2 bottes d'asperges, extrémités ligneuses parées, coupées en tronçons de 3 cm
- 3/4 tasse (180 g) de crème fraîche ou de crème sure
- 2 cuillères à soupe d'huile d'olive
- 1/4 tasse d'aneth, haché finement, plus des brins supplémentaires pour servir
- 1 petite gousse d'ail, hachée finement
- Le zeste râpé d'1 citron et le jus d'1/2 citron
- 1/4 tasse (50g) de câpres salées, rincées, égouttées
- 2 tasses de feuilles de roquette, hachées grossièrement
- 200 g de saumon fumé, tranché en fines lanières

MÉTHODE

1. Cuire les pâtes dans une grande casserole d'eau bouillante salée selon les instructions du paquet, en ajoutant les asperges pendant 1-2 minute finales. Égoutter, rafraîchir, puis refroidir complètement.

2. Pendant ce temps, fouetter la crème fraîche, l'huile d'olive, l'aneth, l'ail, le jus de citron, la moitié du zeste et 2 cuillères à soupe d'eau dans un petit bol, puis assaisonner et réserver.

3. Lorsque les pâtes sont froides, les mélanger avec la vinaigrette, les câpres, la roquette, le reste du zeste et le saumon fumé. Servir avec des brins d'aneth supplémentaires.

Salade de haricots verts à l'orange et à la menthe

Préparation : 20 min / Cuisson : 10 min / Portions : 8

INGREDIENTS

- 1 kg de haricots verts, parés
- 2 oranges, pelées
- 1/4 tasse d'huile d'olive extra vierge
- 2 oignons rouges, tranchés finement
- 1 1/2 cuillère à soupe de vinaigre balsamique
- 1 cuillère à soupe de sucre roux
- 1/2 tasse de feuilles de menthe fraîche
- 1/3 tasse d'amandes tranchées naturelles, grillées

MÉTHODE

1. Porter une grande casserole d'eau salée à ébullition à feu vif. Cuire les haricots pendant 3 minutes ou jusqu'à ce qu'elles soient vertes vif et juste tendres. Égoutter. Rafraîchir sous l'eau froide courante. Égoutter. Mettre de côté.

2. Segmentez les oranges au-dessus d'un bol pour récupérer le jus, en pressant les membranes pour éliminer l'excès de jus.

3. Chauffer l'huile dans une poêle à feu moyen-élevé. Ajouter l'oignon. Cuire 5 minutes ou jusqu'à ce qu'ils soient dorés. Transférer dans un bol. Ajouter le vinaigre, le sucre et le jus d'orange dans la poêle. Cuire, en remuant, pendant 2 minutes ou jusqu'à ce que le mélange commence à bouillir. Retirer du feu.

4. Ajouter les haricots et l'orange à l'oignon. Assaisonnez avec du sel et du poivre. Mélanger pour combiner. Placer sur un plat de service. Arroser du mélange de vinaigre. Saupoudrer de menthe et d'amandes. Servir.

Salade de nouilles de verre

Préparation : 1h 25 min / Portions : 6

INGREDIENTS

- 250 g de vermicelles de haricots mungo séchés
- 200g de tofu mariné thaï, tranché
- 2 carottes, pelées, râpées
- 200 g de pois mange-tout, parés, râpés
- 1/3 tasse de sauce soja
- 1 cuillère à soupe d'huile de sésame
- 2 cuillères à soupe de sucre roux
- 1 cuillère à café d'ail en poudre

MÉTHODE

1. Placer les nouilles dans un grand bol et couvrir d'eau froide. Rester debout pendant 15 minutes. Égoutter dans une passoire fine. Transférer dans un grand bol. Ajouter le tofu, les carottes et les pois mange-tout.

2. Fouetter la sauce soja, l'huile, le sucre et la poudre d'ail dans un bol jusqu'à ce que le tout soit bien mélangé. Verser sur la salade de nouilles. Couvrir et réfrigérer 1 heure. Mélanger doucement. Servir.

Salade de pâtes crémeuse

Préparation : 15 min / Cuisson : 15 min / Portions : 4

INGREDIENTS

250g de pâtes farfelue séchées

1/4 tasse de mayonnaise aux œufs entiers

1 cuillère à soupe de jus de citron

Boîte de 310g de grains de maïs égouttés

1/2 poivron rouge, haché

1 carotte, râpée

125 g de tomates cerise coupées en deux

MÉTHODE

Cuire les pâtes dans une casserole d'eau bouillante salée, jusqu'à tendreté (environ 12 minutes). Égoutter. Rincer sous l'eau froide.

Mélanger les pâtes, la mayonnaise et le jus de citron dans un bol. Ajouter le maïs, le poivron, la carotte et les tomates. Mélanger doucement pour combiner.

Salade d'aubergines, poivrons et boulgour

Préparation : 20 min / Cuisson : 40 min / Portions : 4

INGREDIENTS

- 2 poivrons rouges, coupés en deux, épépinés, coupés en morceaux de 4 cm
- 600 g d'aubergines coupées en morceaux de 4 cm
- 2 oignons rouges, coupés en deux, coupés en quartiers épais
- 60 ml (1/4 tasse) d'huile d'olive extra vierge
- 90g (1/2 tasse) de boulgour
- 185 ml (3/4 tasse) de bouillon de légumes Massel
- 1 cuillère à soupe de zeste de citron finement râpé
- 60 ml (1/4 tasse) de jus de citron frais
- 1 bouquet de coriandre, feuilles cueillies, lavées, séchées

MÉTHODE

1. Préchauffer le four à 230°C. Tapisser 2 grandes rôtissoires de papie¯ sulfurisé antiadhésif. Placer le poivron, aubergine et oignon dans un bol. Arroser d'huile. Mélanger pour enrober. Transférer sur les plateaux tapissés. Rôtir au four, en intervertissant les plateaux à mi-cuisson, pendant 40 minutes ou jusqu'à ce qu'ils soient tendres et légèrement dorés.

2. Pendant ce temps, placez le boulgour dans un grand bol résistant à la chaleur. Porter le bouillon à ébullition dans une petite casserole. Verser sur le boulgour et réserver pendant 20 minutes ou jusqu'à ce qu'il soit tendre. Égoutter.

3. Mélanger le mélange de poivrons et le boulgour dans un bol.

4. Ajouter le zeste de citron, le jus de citron et la coriandre au mélange de boulgour. Assaisonnez avec du sel et du poivre. Mélanger pour combiner. Servir.

Salsa de pois verts avec brochettes d'agneau à l'ail

__Préparation : 20 min / Cuisson : 20 min / Portions : 4__

INGREDIENTS

- 60 ml (1/4 tasse) d'huile d'olive
- 60 ml (1/4 tasse) de jus de citron frais
- 1 gousse d'ail, écrasée
- 4 (environ 800g) œil de longe d'agneau (dossiers), coupés en morceaux de 3 cm
- 600 g de patate douce orange (kumara), pelée, coupée en tranches de 1 cm d'épaisseur

- Salsa de pois verts
- 600 g de pois verts frais, décortiqués
- 1 citron
- 1/2 petit oignon rouge, haché finement
- 1 cuillère à soupe d'aneth frais haché

MÉTHODE

1. Mélanger l'huile, le jus de citron et l'ail dans un plat en verre ou en céramique. Assaisonnez avec du sel et du poivre. Enfiler l'agneau sur les brochettes. Ajouter les brochettes d'agneau au mélange de citron et tourner pour enrober. Couvrir et placer au réfrigérateur pendant 30 minutes pour mariner.

2. Pendant ce temps, pour faire la salsa, cuire les petits pois dans une casserole moyenne d'eau bouillante pendant 3 à 4 minutes ou jusqu'à ce qu'ils soient d'un vert vif et croustillants. Égoutter et rafraîchir sous l'eau froide. Utilisez un zesteur pour retirer le zeste du citron. (Vous pouvez également utiliser un économe pour peler le zeste du citron. Utilisez un couteau bien aiguisé pour retirer la peau blanche du zeste. Coupez le zeste en fines lanières.) Mélangez les pois, le zeste de citron, l'oignon et l'aneth dans un bol.

3. Préchauffer un barbecue à feu moyen. Égoutter l'agneau de la marinade. Cuire l'agneau sur le gril pendant 3 à 4 minutes de chaque côté pour une cuisson à point ou jusqu'à ce qu'il soit cuit à votre goût. Transférer dans une assiette et laisser reposer 5 minutes. Ajouter la patate douce sur le gril et cuire 3 à 4 minutes de chaque côté ou jusqu'à ce qu'elle soit tendre.

4. Répartir la patate douce dans les assiettes de service. Garnir de brochettes d'agneau et de salsa aux pois verts. Assaisonner avec du sel et du poivre pour servir.

Salade de porc hoisin

Préparation : 10 min / Cuisson : 25 min / Portions : 4

INGREDIENTS

- 80 ml (1/3 tasse) de sauce hoisin Chang's
- 1 cuillère à soupe de xérès sec
- 1 cuillère à soupe d'huile d'arachide
- 1 cuillère à soupe de gingembre frais râpé
- 2 gousses d'ail, écrasées
- 1 (environ 400g) filet de porc
- 200 g de pois mange-tout, tranchés finement dans le sens de la longueur

- 1/2 (environ 500g) wombok (chou chinois), noyau retiré, râpé
- 1 poivron rouge, épépiné, tranché
- 4 échalotes vertes, extrémités parées, tranchées en diagonale
- 2 cuillères à soupe de graines de sésame
- 60 ml (1/4 tasse) d'eau

MÉTHODE

1. Mélanger la sauce hoisin, le xérès, l'huile, le gingembre et l'ail dans un bol. Ajouter le porc et tourner pour enrober. Couvrir et placer au réfrigérateur pendant 3 heures pour mariner.

2. Pendant ce temps, mettre les pois mange-tout dans un bol et couvrir d'eau bouillante. Réserver pendant 1 minute ou jusqu'à ce qu'ils soient d'un vert vif et tendres croustillants. Rafraîchir sous l'eau froide courante. Égoutter. Mélanger les pois mange-tout, le wombok, le poivron et l'échalote dans un bol.

3. Faire chauffer une poêle à feu moyen. Ajouter les graines de sésame et cuire 2-3 minutes ou jusqu'à ce qu'elles soient grillées. Transférer dans une assiette. Égoutter le porc et réserver la marinade. Ajouter le porc dans la poêle et cuire pendant 6 à 8 minutes de chaque côté ou jusqu'à ce qu'il soit cuit. Rouler dans les graines de sésame pour enrober. Couvrir et laisser reposer 5 minutes. Trancher épaisse.

4. Mettre la marinade réservée et l'eau dans une casserole. Porter à ébullition à feu vif. Réduire le feu à doux et laisser mijoter de 2 à 5 minutes ou jusqu'à ce que la sauce épaississe.

5. Répartir la salade et le porc dans les assiettes de service. Arroser de sauce pour servir.

Salade iceberg et trois haricots

Préparation : 25 min / Cuisson : 05 min / Portions : 4

INGREDIENTS

- 1 tasse de fèves surgelées
- 100 g de haricots verts, parés
- 1/4 tasse d'huile d'olive
- 2 cuillères à soupe de vinaigre de vin blanc
- 1 cuillère à soupe d'aneth frais haché
- 1 petite laitue iceberg
- 400 g de haricots cannellini en boîte, égouttés et rincés

MÉTHODE

1. Porter une grande casserole d'eau à ébullition à feu vif. Cuire les fèves et les haricots verts pendant 2 minutes ou jusqu'à ce qu'ils soient verts vif et tendres. Égoutter. Rafraîchir dans un bol d'eau glacée. Égoutter. Peler et jeter la peau des fèves (voir astuce).

2. Mettre l'huile, le vinaigre et l'aneth dans un bocal à vis. Assaisonnez avec du sel et du poivre. Couvercle sécurisé. Secouez pour combiner. Râpez 4 feuilles de laitue. Mélanger les haricots larges, verts et cannellini et la laitue dans un bol. Arroser de vinaigrette. Déchirez grossièrement les feuilles de laitue restantes. Disposer sur une assiette. Garnir du mélange de haricots. Servir. Pour éplucher les fèves, faites une petite fente à une extrémité avec votre pouce, puis faites glisser la fève.

Salade d'agneau et de haricots beurre

Préparation : 15 min / Cuisson : 20 min / Portions : 4

INGREDIENTS

- 1 cuillère à soupe d'huile d'olive
- 2 gousses d'ail, écrasées
- 1 cuillère à café de cumin moulu
- 2 (environ 450g) œil de longe d'agneau
- 1 boîte de 400 g de haricots beurre, rincés, égouttés
- 1 pot de 340g d'artichauts marinés, égouttés, coupés en quartiers
- 60g de jeunes pousses de roquette
- 1 cuillère à soupe d'huile d'olive extra vierge
- 1 cuillère à soupe de vinaigre de vin rouge
- 1 pot de 450g de poivrons entiers, rôtis et pelés, égouttés, tranchés épais

MÉTHODE

1. Mélanger l'huile, l'ail et le cumin dans un bol. Ajouter l'agneau et retourner pour enrober.

2. Placer une poêle à frire sur feu moyen. Ajouter l'agneau et cuire 8 minutes de chaque côté à feu moyen ou jusqu'à ce qu'il soit cuit à votre goût. Transférer dans une assiette et couvrir de papier d'aluminium. Laisser reposer 10 minutes.

3. Pendant ce temps, mélanger les haricots beurre, l'artichaut et la roquette dans un bol. Mélanger l'huile et le vinaigre dans une cruche. Goûtez et assaisonnez de sel et de poivre.

4. Trancher finement l'agneau et l'ajouter au mélange de haricots avec le poivron grillé. Verser sur la vinaigrette et mélanger pour combiner. Répartir dans les assiettes de service et servir.

Salade de risoni à l'agneau et aux champignons

__Préparation : 30 min / Cuisson : 25 min / Portions : 4__

INGREDIENTS

- 200 g de champignons de Paris, tranchés finement
- 1/3 tasse de vinaigrette au miel et à la moutarde de Dijon
- 1 tasse de pâtes risoni séchées
- 400g de gigot d'agneau maigre
- 40 g de pousses d'épinards râpés
- 150 g de poivron rouge grillé, haché

MÉTHODE

1. Mélanger les champignons et 1/4 tasse de vinaigrette dans un grand bol. Couverture. Réserver 30 minutes ou jusqu'à tendreté.

2. Pendant ce temps, cuire les pâtes dans une casserole d'eau bouillante salée, en suivant les instructions du paquet, jusqu'à ce qu'elles soient tendres. Égoutter.

3. Préchauffer une plaque de barbecue graissée ou un grill à feu moyen-élevé. Cuire les steaks de 3 à 4 minutes de chaque côté à point ou jusqu'à ce qu'ils soient cuits à votre goût. Transférer dans une assiette. Stand, couvert, pendant 5 minutes.

4. Trancher finement l'agneau. Ajouter l'agneau, les pâtes, les épinards et le poivron au mélange de champignons. Mélanger pour combiner. Servir.

Salade d'agneau et légumes

Préparation : 30 min / Cuisson : 10 min / Portions : 4

INGREDIENTS

- 2 (environ 450g) œil de longe d'agneau
- Spray d'huile d'olive
- 400 g de fèves surgelées, décongelées, épluchées
- 2 bottes d'asperges, extrémités ligneuses parées
- 1 botte de cresson, feuilles cueillies, lavées, séchées
- 60 ml (1/4 tasse) de jus de citron frais
- 1 cuillère à soupe d'huile d'olive extra vierge
- 1 cuillère à soupe de moutarde complète
- 1/2 cuillère à café de sucre brut

MÉTHODE

1. Assaisonner les deux côtés de l'agneau avec du sel et du poivre. Vaporisez une poêle à frire antiadhésive d'huile en spray et placez-la à feu moyen-vif. Ajouter l'agneau et cuire 4 à 5 minutes de chaque côté pour une cuisson à point ou jusqu'à ce qu'il soit cuit à votre goût. Laisser reposer 5 minutes.

2. Pendant ce temps, porter à ébullition une casserole moyenne d'eau. Ajouter les fèves et les asperges et cuire pendant 2-3 minutes ou jusqu'à ce qu'elles soient d'un vert vif et croustillant. Égoutter. Placer les haricots et les asperges dans un bol d'eau glacée pendant 2 minutes pour les rafraîchir. Égoutter.

3. Trancher finement l'agneau. Mélanger l'agneau, les fèves, les asperges et le cresson dans un grand bol. Fouetter ensemble le jus de citron, l'huile, la moutarde et le sucre dans un petit pichet.

4. Répartir la salade dans les assiettes de service. Arroser de vinaigrette pour servir.

Salade de haricots et basilic

Préparation : 10 min / Cuisson : 4 min / Portions : 6

INGREDIENTS

- 1 1/2 cuillère à soupe d'huile d'olive
- 200 g de haricots verts, parés
- 200 g de haricots beurre, parés
- 1 gros poivron rouge, tranché finement
- Boîte de 420 g de mélange de quatre haricots, égouttés, rincés
- 1/4 tasse de petites feuilles de basilic frais

METHODE

1. Faites chauffer 2 cuillères à café d'huile dans une grande poêle à feu moyen-élevé. Ajouter les haricots verts, les haricots beurre et le poivron. Cuire de 2 à 3 minutes ou jusqu'à ce qu'ils ramollissent. Ajouter le mélange de quatre haricots. Cuire pendant 1 minute ou jusqu'à ce que le tout soit chaud. Retirer du feu.

2. Ajouter les feuilles de basilic. Assaisonnez avec du sel et du poivre. Arroser du reste d'huile. Mélanger pour combiner. Servir.

Salade de betteraves et pois chiches

Préparation : 45 min / Cuisson : 1h / Portions : 6

INGREDIENTS

- 1 botte de jeunes betteraves rouges
- 1 cuillère à soupe d'huile d'olive extra vierge
- 1 cuillère à soupe de vinaigre balsamique
- 1/4 cc de moutarde de Dijon
- 1 gousse d'ail, pelée et coupée en deux
- 80 g de pousses d'épinards
- 400 g de pois chiches en boîte, rincés et égouttés
- 1 petit oignon rouge, coupé en fins quartiers
- 100g de fetta allégée

METHODE

1. Préchauffer le four à 200C. Lavez les betteraves et coupez les tiges et les racines, en réservant les petites feuilles de betterave.

2. Envelopper les betteraves dans une grande feuille de papier d'aluminium et cuire au four pendant 1 heure, ou jusqu'à ce que la plus grosse betterave soit tendre lorsqu'elle est testée avec une fourchette.

3. Mélanger l'huile d'olive, le vinaigre, la moutarde et l'ail dans un petit bocal à vis. Secouez pour combiner. Laisser reposer au moins 15 minutes. Retirer et jeter l'ail.

4. Déballez soigneusement la betterave. Laisser jusqu'à ce qu'il soit suffisamment froid pour être manipulé. Enlevez la peau (portez des gants en caoutchouc pour éviter de vous tacher les mains). Couper en quartiers ou en moitiés pour les plus petits.

5. Mélanger les feuilles d'épinards, les feuilles de betteraves rouges réservées, les pois chiches et l'oignon dans un grand bol. Ajouter la vinaigrette et mélanger pour combiner. Répartir dans les assiettes de service, garnir de betteraves rouges, puis émietter la fetta sur le dessus. Saupoudrer de poivre noir fraîchement moulu et servir immédiatement.

Salade de riz brun et avocat

Préparation : 20 min / Cuisson : 20 min / Portions : 4

INGREDIENTS

- 1/2 tasse (100g) de riz brun
- 1 cuillère à soupe de graines de tournesol
- 1 cuillère à soupe de pepitas (graines de citrouille)
- 2 cuillères à soupe d'amandes entières
- 1 cuillère à soupe de noyaux de pistaches, hachés
- 3 courgettes
- 3 oignons nouveaux, hachés
- 100 g de germes de haricot mungo ou de pousses mélangées
- 1/4 tasse (60 ml) d'huile d'olive
- 2 cuillères à soupe de jus de citron
- 1 cuillère à soupe de miel
- 1/2 avocat, tranché
- 1/4 tasse de feuilles de menthe
- Sel, pour assaisonner

METHODE

1. Cuire le riz selon les instructions du paquet jusqu'à ce qu'il soit juste tendre, puis égoutter et laisser refroidir. Transférer dans un grand bol.

2. Faites griller les graines de tournesol, les pépites, les amandes et les pistaches dans une poêle à frire sèche pendant 1 à 2 minutes à feu moyen jusqu'à ce qu'elles soient parfumées et légèrement grillées. Ajouter au bol avec le riz refroidi.

3. Râpez grossièrement 2 courgettes et pressez doucement pour éliminer l'excès d'eau. Trancher finement le reste des courgettes. Ajouter les deux au mélange de riz avec la ciboule et les germes.

4. Mélanger l'huile, le jus de citron et le miel, puis assaisonner. Ajouter à la salade avec l'avocat et la moitié de la menthe, puis mélanger délicatement pour combiner. Servir parsemé du reste de menthe.

Salade d'orge, myrtilles et cresson

Préparation : 15 min / Cuisson : 30 min / Portions : 4

INGREDIENTS

- 3/4 tasse d'orge perlée, rincé
- 150 g de haricots verts, parés, coupés en diagonale en trois
- 1 botte d'asperges, parées, coupées en diagonale en trois
- 2 cuillères à soupe d'huile d'olive extra vierge
- 1/3 tasse de jus de citron
- 2 tasses de brins de cresson
- 125g de myrtilles fraîches
- 2 cuillères à soupe de noix, hachées grossièrement
- 60 g de feta allégée, grossièrement émiettée

MÉTHODE

1. Placer l'orge et 3 tasses d'eau froide dans une casserole à feu vif. Porter à ébullition. Réduire le feu à doux. Laisser mijoter de 25 à 30 minutes ou jusqu'à ce qu'elles soient tendres et que le liquide soit presque absorbé. Égoutter. Rincer scus l'eau froide. Égoutter. Transférer dans un grand bol.

2. Pendant ce temps, porter une casserole d'eau à ébullition à feu vif. Cuire les haricots et les asperges de 2 à 3 minutes ou jusqu'à ce qu'ils soient verts vif et tendres. Égoutter. Rincer sous l'eau froide. Égoutter.

3. Mélanger l'huile et le jus de citron dans un petit bol. Ajouter le cresson, les bleuets, les noix, les haricots, les asperges et la vinaigrette au citron à l'orge. Bien assaisonner avec du sel et du poivre. Mélanger pour combiner. Transférer dans un bol de service. Garnir de fetta. Servir.

Salade de lentilles et haricots verts

Préparation : 15 min / Cuisson : 30 min / Portions : 4

INGREDIENTS

- 250g de lentilles brunes séchées, rincées
- 2 ccs d'huile d'olive
- 1 oignon brun, haché finement
- 2 gousses d'ail, écrasées
- 2 cuillères à café de gingembre frais finement râpé
- 2 cuillères à café de garam massala
- 1 cuillère à soupe de jus de citron vert frais
- 200 g de haricots verts, garnis
- 1 x 250g de tomates cerise en barquette, coupées en quartiers
- 4 branches de céleri, extrémités parées, coupées en allumettes de 4 cm
- 1/2 tasse de feuilles de coriandre fraîche
- 90 g (1/3 tasse) de yaourt nature faible en gras, pour servir

MÉTHODE

1. Placer les lentilles et 1,5 L (6 tasses) d'eau froide dans une grande casserole et porter à ébullition. Réduire le feu à doux. Laisser mijoter 25 minutes ou jusqu'à ce que les lentilles soient juste tendres. Égoutter.

2. Pendant ce temps, faites chauffer l'huile dans une poêle antiadhésive à feu moyen. Ajouter l'oignon et cuire, en remuant, pendant 5 minutes ou jusqu'à ce qu'il soit tendre. Ajouter l'ail, le gingembre et le garam masala et cuire, en remuant, pendant 1 à 2 minutes ou jusqu'à ce qu'ils soient aromatiques.

3. Transférer le mélange d'oignons dans un grand bol résistant à la chaleur. Ajouter les lentilles et le jus de citron vert et remuer jusqu'à ce que le tout soit bien mélangé. Assaisonner de poivre. Laisser refroidir complètement.

4. Cuire les haricots dans une casserole d'eau bouillante pendant 3-4 minutes ou jusqu'à ce qu'ils soient d'un vert vif et croustillants. Rafraîchir sous l'eau froide courante. Égoutter. Ajouter les haricots, la tomate, le céleri et la coriandre au mélange de lentilles et remuer jusqu'à ce qu'ils soient tous justes combinés. Répartir la salade dans les assiettes de service. Servir avec le yaourt.

Salade de lentilles et fèves au gingembre

Préparation : 30 min / Cuisson : 30 min / Portions : 4

INGREDIENTS

- 1 botte de jeunes betteraves rouges
- 1 cuillère à soupe de feuilles de romarin frais
- 2 1/2 cuillères à soupe d'huile d'olive extra vierge
- 1/2 tasse de lentilles jaunes séchées, rincées
- 1 tasse de fèves en gousse
- 1 botte d'asperges, parées, coupées en longueurs de 4 cm

- 2/3 tasse de pois surgelés
- 100g de pousses d'épinards
- 1/4 tasse de noix, grillées
- 1 cuillère à soupe de vinaigre de vin blanc
- 1 cm de gingembre frais, finement râpé
- 2 cuillères à café de ciboulette fraîche hachée

MÉTHODE

1. Préchauffer le four à 200C/180C chaleur tournante.
2. Coupez la betterave en laissant 3 cm de tige attachée. Placer la betterave sur un grand morceau de papier d'aluminium. Saupoudrer de romarin et arroser de 2 cuillères à café d'huile. Entourez les betteraves dans du papier d'aluminium. Placer sur une plaque allant au four. Cuire au four pendant 30 minutes ou jusqu'à tendreté. Refroidir pendant 10 minutes. Portez des gants de cuisine pour éviter de vous tacher les mains, épluchez et coupez les betteraves en quartiers.
3. Pendant ce temps, mettre les lentilles dans une petite casserole. Couvrir d'eau. Porter à ébullition à feu moyen. Cuire 10 minutes ou jusqu'à ce que les lentilles soient presque tendres (elles doivent être al dente). Égoutter. Rincer sous l'eau froide. Bien égoutter.
4. Cuire les fèves dans une casserole d'eau bouillante salée pendant 4 minutes ou jusqu'à ce qu'elles soient tendres, en ajoutant les asperges et les petits pois dans les 2 dernières minutes de cuisson. Égoutter. Rincer sous l'eau froide. Bien égoutter. Peler les fèves et jeter les peaux.
5. Mélanger les lentilles, le mélange de fèves, les épinards et les noix dans un grand bol. Fouetter le reste de l'huile, le vinaigre, le gingembre et la ciboulette dans un petit bol. Assaisonnez avec du sel et du poivre.
6. Placer le mélange de lentilles et de betteraves rouges sur une assiette. Arroser de vinaigrette. Servir.

Salade de lentilles à l'orange

Préparation : 15 min / Cuisson : 45 min / Portions : 6

INGREDIENTS

- 250 g de lentilles brunes ou vertes séchées
- 1/4 tasse d'huile d'olive
- 1 petit oignon rouge, haché finement
- 1 grosse carotte, pelée, hachée finement
- 1/4 tasse de persil plat
- 1 orange, le zeste finement râpé, pressé

MÉTHODE

1. Laver et égoutter les lentilles. Placer dans une casserole avec 4 tasses d'eau froide. Porter à ébullition à feu vif. Réduire le feu à moyen-doux. Couvrir et laisser mijoter pendant 30 minutes, ou jusqu'à tendreté. Égoutter. Rincer sous l'eau froide. Transférer dans un bol.

2. Faites chauffer 1 cuillère à soupe d'huile dans une grande poêle antiadhésive. Ajouter l'oignon et la carotte. Cuire, en remuant de temps en temps, pendant 3 minutes, ou jusqu'à ce qu'il soit juste tendre. Incorporer aux lentilles avec le persil et le zeste d'orange.

3. Mélanger le jus d'orange, les 2 cuillères à soupe d'huile restantes, le sel et le poivre dans un bol. Fouetter avec une fourchette pour mélanger. Verser la vinaigrette sur la salade de lentilles. Mélanger doucement pour combiner. Servir.

Salade vietnamienne de poulet au citron vert et au poivre

Préparation : 15 min / Cuisson : 15 min / Portions : 4

INGREDIENTS

- 2 (environ 200 g chacun) filets de poitrine de poulet, coupés en deux dans le sens de la longueur
- 60 ml (1/4 tasse) de jus de lime frais
- 1 cuillère à café de zeste de citron vert finement râpé
- 1 long piment rouge, épépiné, haché finement
- 1 cuillère à soupe de sauce de poisson
- 1/2 cuillère à café de poivre noir fraîchement moulu
- 1 cuillère à soupe de sucre roux
- 200 g de haricots verts ronds, parés, coupés en tronçons de 3 cm
- 2 petites laitues cos, parées, râpées
- 200 g de tomates raisins en barquette, coupées en deux
- 110 g (2 tasses) de fèves germées parées
- 1/2 tasse de feuilles de menthe fraîche
- spray d'huile d'olive

MÉTHODE

1. Placer le poulet dans un plat en verre ou en céramique. Mélanger le jus et le zeste de citron vert, le piment, la sauce de poisson, le poivre et le sucre dans un bol. Ajouter la moitié du mélange au poulet. Tournez pour enrober. Mariner pendant 10 minutes.

2. Pendant ce temps, cuire les haricots dans une casserole d'eau bouillante pendant 3 minutes ou jusqu'à ce qu'ils soient d'un vert vif et croquants. Rafraîchir sous l'eau froide courante. Égoutter. Mélanger les haricots, la laitue, la tomate, les germes de soja et la menthe dans un grand bol.

3. Faites chauffer une poêle antiadhésive à feu vif. Vaporiser avec de l'huile. Cuire le poulet pendant 2-3 minutes de chaque côté ou jusqu'à ce qu'il soit bien cuit. Trancher épaisse.

4. Arroser le reste du mélange de jus de lime sur la salade et mélanger. Répartir la salade dans les assiettes et garnir de poulet.

Chapitre 3

Recettes

De viande

Ragoût de boeuf et haricots borlotti

Préparation : 1h / Cuisson : 2h / Portions : 4

INGREDIENTS

- 1 tasse de haricots borlotti séchés
- 2 cuillères à soupe d'huile d'olive
- 800 g de paleron de bœuf coupé en morceaux de 3 cm
- 1 oignon brun, haché
- 3 gousses d'ail, écrasées
- 200 g de champignons de Paris, coupés en deux
- 3/4 tasse de vin rouge sec
- 400g de tomates en dés
- 3/4 tasse de bouillon de boeuf Massel
- 1 poivron rouge, haché
- 1/2 botte de betteraves argentées, parées, râpées

METHODE

1. Placer les haricots dans un petit bol. Couvrir d'eau bouillante. Réserver 1 heure. Égoutter.

2. Pendant ce temps, chauffer la moitié de l'huile dans une grande casserole à feu vif. Ajouter la moitié du boeuf. Cuire de 3 à 4 minutes ou jusqu'à ce qu'ils soient dorés. Transférer dans une assiette. Répéter avec le reste de l'huile et du bœuf.

3. Réduire le feu à moyen. Ajouter l'oignon et l'ail dans la poêle. Cuire 3 minutes ou jusqu'à tendreté. Ajouter les champignons et le vin. Porter à ébullition. Remettre le bœuf et le jus dans la poêle. Ajouter la tomate, le bouillon et le poivron. Porter à ébullition. Réduire le feu à doux. Laisser mijoter à couvert pendant 1h15. Ajouter des haricots. Laisser mijoter, à découvert, pendant 20 minutes, en remuant de temps en temps, ou jusqu'à ce que le bœuf soit tendre. Incorporer la betterave argentée. Cuire 5 minutes ou jusqu'à ce qu'ils ramollissent. Servir.

Salade de boeuf et haricots blancs

__Préparation : 25 min / Cuisson : 15 min / Portions : 4__

INGREDIENTS

- 6 saucisses de boeuf gourmet extra maigres
- 2 épis de maïs, cosses et soie enlevés
- 2 boîtes de 400g de haricots cannellini, égouttés, rincés
- 250 g de tomates cerise coupées en quartiers
- 3 oignons verts, tranchés finement
- 1 concombre libanais, épépiné, coupé en dés
- 1/4 tasse de feuilles de menthe fraîche finement hachées
- 2 cuillères à soupe de feuilles de basilic frais hachées finement
- Vinaigrette à la moutarde
- 2 cuillères à café de moutarde américaine
- 2 cuillères à soupe de jus de citron
- 1 cuillère à soupe d'huile d'olive extra vierge

METHODE

1. Chauffer une plaque de barbecue ou un grill à feu moyen-élevé. Cuire les saucisses, en les retournant, de 8 à 10 minutes ou jusqu'à ce qu'elles soient dorées et bien cuites. Transférer dans une assiette. Trancher finement.

2. Ajouter le maïs au barbecue. Cuire en les retournant pendant 5 à 7 minutes ou jusqu'à ce qu'ils soient tendres. Mettre de côté pendant 5 minutes ou jusqu'à ce qu'il soit suffisamment froid pour être manipulé.

3. Pendant ce temps, préparez la vinaigrette à la moutarde : fouettez la moutarde, le jus de citron et l'huile dans un petit bol.

4. À l'aide d'un couteau bien aiguisé, coupez les grains des épis de maïs. Placer dans un grand bol. Ajouter les saucisses, les haricots, la tomate, l'oignon, le concombre, la menthe, le basilic et la vinaigrette. Assaisonnez avec du sel et du poivre. Mélanger pour combiner. Servir.

Ragoût de bœuf et champignons

Préparation : 10 min / Cuisson : 15 min / Portions : 4

INGREDIENTS

- 1 cuillère à soupe d'huile d'olive extra vierge
- 375 g de champignons barquettes, tranchés
- 4 gousses d'ail, écrasées
- Boîte de 505 g de soupe au bœuf Angus et au vin rouge
- 400g de tomates cerise en conserve au jus de tomate
- 1/2 tasse de parmesan, finement râpé
- 500g de fettuccine fraîche
- 1/2 tasse de feuilles de basilic frais, râpées

METHODE

1. Chauffer l'huile dans une grande poêle à frire profonde à feu moyen-vif. Ajouter les champignons. Cuire de 3 à 4 minutes ou jusqu'à tendreté. Ajouter l'ail. Cuire 1 minute ou jusqu'à ce qu'il soit parfumé. Ajouter la soupe, les tomates et 2 cuillères à soupe de parmesan. Remuer pour combiner. Porter à ébullition. Réduire le feu à doux. Laisser mijoter pendant 8 à 10 minutes ou jusqu'à ce qu'ils épaississent légèrement.

2. Pendant ce temps, cuire les pâtes en suivant les instructions du paquet. Égoutter.

3. Retirer le ragoût du feu. Incorporer 1/3 tasse de basilic râpé. Ajouter des pâtes. Assaisonnez avec du sel et du poivre. Mélanger pour combiner. Servir garni du reste de parmesan et de basilic râpé.

Pilaf de bœuf

Préparation : 10 min / Cuisson : 35 min / Portions : 4

INGREDIENTS

- 250 g de tomates cerise en barquette
- 1 1/2 cuillère à soupe d'huile d'olive
- 1 cuillère à soupe de curry doux en poudre
- 1 cuillère à café de cumin moulu
- 1 cuillère à café de cannelle moulue
- 400 g de boeuf haché maigre
- 1 tasse de riz basmati, bien rincé
- 2 1/2 tasses de bouillon liquide de style poulet à teneur réduite en sel Massel
- 1/4 tasse de groseilles
- 3 oignons verts, tranchés finement
- 1/2 tasse de feuilles de persil plat

METHODE

1. Préchauffer le four à 180°C. Tapisser une plaque à pâtisserie de papier cuisson. Placer les tomates sur le plateau. Arrosez de 2 cuillères à café d'huile et assaisonnez de poivre. Rôtir de 20 à 25 minutes ou jusqu'à ce que les tomates s'effondrent.

2. Pendant ce temps, chauffer le reste de l'huile dans une grande casserole à fond épais à feu moyen-vif. Ajouter la poudre de curry, le cumin, la cannelle et le hachis. Cuire en remuant avec une cuillère en bois pendant 3 à 4 minutes. Incorporer le riz.

3. Incorporer le bouillon et porter à ébullition. Verser dans un plat à gratin. Couvrir et cuire au four de 20 à 25 minutes ou jusqu'à ce que le liquide soit absorbé.

4. Incorporer les tomates, les groseilles et les oignons verts. Couvrir et laisser reposer 5 minutes. Incorporer le persil. Répartir dans des bols. Servir.

Salade de boeuf, haricots et feta

Préparation : 20 min / Cuisson : 5 min / Portions : 4

INGREDIENTS

- 200 g de haricots verts, parés, coupés en morceaux de 3 cm
- Aérosol de cuisson à l'huile d'olive
- 500 g de steaks de filet de bœuf écossais
- 2 boîtes de 400g de haricots cannellini, égouttés, rincés
- 1 petit oignon rouge, tranché finement
- 250 g de tomates raisins, coupées en deux
- 50 g de feta faible en gras, émiettée
- 1/2 tasse de feuilles de persil plat frais
- 1 cuillère à soupe de jus de citron
- 2 ccs d'huile d'olive
- 2 cuillères à café de vinaigre de vin rouge
- Pincée de sucre
- Quartiers de citron, pour servir

METHODE

1. Porter une grande casserole d'eau à ébullition à feu vif. Ajouter les haricots verts. Faire bouillir pendant 1 à 2 minutes ou jusqu'à ce qu'elles soient justes tendres. Rincer sous l'eau froide. Égoutter. Retirer dans un grand bol.

2. Vaporisez une plaque de barbecue ou un gril avec de l'huile. Chauffer à feu vif. Cuire le bœuf pendant 3 minutes de chaque côté pour une cuisson à point ou jusqu'à ce qu'il soit cuit à votre goût. Retirer dans une assiette. Couvrir et réserver 5 minutes. Trancher finement.

3. Pendant ce temps, ajoutez les haricots cannellini, l'oignon, les tomates, la feta et le persil aux haricots verts. Fouetter le jus de citron, l'huile, le vinaigre et le sucre dans un pichet. Verser sur la salade. Mélanger doucement pour combiner. Répartir la salade entre les assiettes. Garnir de bœuf. Assaisonner de poivre. Servir avec des quartiers de citron.

Bœuf piment et haricots

Préparation : 20 min / Cuisson : 2h 25 min / Portions : 6

INGREDIENTS

- 1 cuillère à soupe d'huile d'olive
- 650g de bœuf en cocotte en dés
- 2 oignons bruns, hachés grossièrement
- 2 gousses d'ail, écrasées
- 1 cuillère à soupe de farine nature
- 1 cuillère à soupe de cumin moulu
- 1 cuillère à soupe de coriandre moulue
- 2 cuillères à café de piment mexicain en poudre
- 2 boîtes de 400g de tomates en dés
- 375 ml (1 1/2 tasse) de bouillon de bœuf Massel
- 1 boîte de 400 g de haricots rouges, rincés, égouttés
- Patates douces rôties, pour servir

MÉTHODE

1. Chauffer l'huile dans une grande casserole ou une cocotte antidéflagrante à feu moyen-élevé. Ajouter un tiers du bœuf et cuire, en retournant de temps en temps, pendant 3 à 4 minutes ou jusqu'à ce qu'il soit doré. Transférer dans une assiette. Répéter, en 2 autres lots, avec le reste de bœuf, en réchauffant la poêle entre les lots.

2. Réduire le feu à moyen. Ajouter l'oignon et cuire, en remuant, pendant 8 minutes ou jusqu'à ce qu'il soit tendre et légèrement doré. Ajouter l'ail et cuire, en remuant, pendant 30 secondes. Ajouter la farine, le cumin, la coriandre et la poudre de piment et cuire, en remuant, pendant 30 secondes ou jusqu'à ce qu'il soit aromatique.

3. Ajouter la tomate et le bouillon et cuire en grattant la poêle avec une cuillère en bois à bord plat pour déloger les morceaux qui ont cuit sur la base. Remettre le bœuf dans la poêle. Couvrir et porter juste à ébullition. Réduire le feu à très doux et cuire à couvert pendant 1 h 30.

4. Ajouter les haricots et augmenter le feu à doux. Laisser mijoter, à découvert, en remuant de temps en temps, pendant 30 minutes ou jusqu'à ce que la sauce épaississe.

5. Répartir parmi les assiettes de service. Servir avec les patates douces

Agneau au piment grillé

__Préparation : 15 min / Cuisson : 35 min / Portions : 4__

INGREDIENTS

- 500 g de kumara (patate douce orange), pelée, coupée en morceaux de 3 cm
- 600 g d'aubergines coupées en morceaux de 4 cm
- Zeste et jus d'1 citron
- 2 1/2 cuillères à soupe d'huile d'olive
- 3 gousses d'ail, écrasées
- 2 cuillères à café d'assaisonnement piri piri
- 300g de pois chiches en boîte, rincés, égouttés
- 2 cuillères à soupe de persil haché
- 4 steaks de gigot d'agneau

METHODE

1. Préchauffer le four à 220°C. Disposer le kumara et les aubergines sur une grande plaque allant au four recouverte de papier sulfurisé.

2. Mélanger le zeste et le jus de citron, 2 cuillères à soupe d'huile d'olive, l'ail et le piri piri dans un petit bol. Verser la moitié sur les légumes, en remuant. Rôtir pendant 20 minutes. Ajouter les pois chiches. Rôtir 5 minutes. Incorporer le persil au reste du mélange de citron et réserver.

3. Badigeonner l'agneau du reste d'huile d'olive. Préchauffer le grill à feu moyen-vif. Ajouter l'agneau. Cuire 3 à 4 minutes de chaque côté. Servir avec des légumes et arroser du reste du mélange de citron.

Soupe de boulettes de porc et fenouil avec pâtes

Préparation : 25 min / Cuisson : 40 min / Portions : 8

INGRÉDIENTS

- 1/3 tasse (80 ml) d'huile d'olive extra vierge, plus un peu plus pour arroser
- 2 oignons, hachés finement
- 3-4 grosses gousses d'ail, écrasées
- 1 long piment rouge, épépiné, haché finement
- 3 branches de céleri, émincées très finement, plus
- 1/4 tasse de feuilles de céleri frais finement hachées (utilisez les feuilles intérieures pâles)
- 1 cuillère à soupe de concentré de tomate
- 3 boîtes de 400g de tomates concassées
- 1L (4 tasses) de bouillon de poulet
- Une poignée de feuilles de basilic grossièrement déchirées et un peu plus pour servir
- 8 (650g) saucisses de porc et fenouil
- 1/2 tasse (35g) de chapelure fraîche
- 250g de pâtes
- Crème sure (déliée avec un peu de lait), parmesan râpé et ciabatta, pour servir

MÉTHODE

1. Chauffer 1/4 tasse (60 ml) d'huile dans une grande casserole à feu moyen. Réduire le feu à moyen-doux, puis ajouter l'oignon et cuire, en remuant, pendant 3 minutes ou jusqu'à ce qu'il commence à ramollir. Ajouter l'ail et le piment, puis cuire encore 2 minutes ou jusqu'à ce qu'ils ramollissent. Ajouter le céleri et les feuilles de céleri, puis cuire, en remuant, pendant 4 minutes ou jusqu'à ce qu'ils ramollissent. Incorporer la pâte de tomate, puis ajouter les tomates, le bouillon et le basilic. Augmenter le feu à vif et porter à ébullition, puis réduire le feu à doux et laisser mijoter, à découvert, pendant 20 minutes.

2. Pendant ce temps, retirez la chair à saucisse des boyaux, jetez les boyaux et placez-les dans un grand bol. Ajouter la chapelure et mélanger pour combiner, puis rouler en 50 boulettes de la taille d'une noix. Faites chauffer 1 cuillère à soupe d'huile restante dans

une poêle à feu moyen-doux. Par lots, cuire les boulettes de viande pendant 7 à 9 minutes jusqu'à ce qu'elles soient dorées et cuites. Égoutter sur du papier absorbant.

3. 3.À l'aide d'un mixeur plongeant, fouetter la soupe jusqu'à ce qu'elle soit lisse. Incorporer 1 tasse (250 ml) d'eau et assaisonner au goût. Laisser mijoter encore 10 minutes jusqu'à ce que légèrement réduit.

4. Pendant ce temps, faites cuire les pâtes dans une grande casserole d'eau bouillante salée selon les instructions du paquet. Égoutter, puis ajouter à la soupe avec des boulettes de viande et bien mélanger pour combiner.

5. Répartir la soupe dans des bols, puis arroser d'une cuillerée de crème sure et d'un peu d'huile d'olive. Saupoudrer de parmesan et de feuilles de basilic supplémentaires, puis servir immédiatement avec une ciabatta.

Porc grillé avec salade d'avocat, haricots noirs et citron vert

Préparation : 20 min / Cuisson : 05 min / Portions : 4

INGREDIENTS

- 1 cuillère à soupe de vinaigre de vin rouge
- 2 cuillères à café de cumin moulu
- 1/2 cuillère à café de poivre de Cayenne ou de piment en poudre
- 4 steaks médaillons de porc maigre 160g
- Salade de haricots noirs et citron vert
- 1 avocat, haché
- Boîte de 400g de haricots noirs ou de haricots rouges, rincés, égouttés
- 1 grosse tomate, épépinée, hachée
- Grosse pincée de poivre de Cayenne ou de piment en poudre
- 1 citron vert, peau et moelle blanche enlevés, chair hachée
- 1/2 tasse de feuilles de coriandre
- 1 cuillère à soupe d'huile de son de riz ou d'huile de tournesol
- 1 cuillère à soupe de vinaigre de vin rouge

MÉTHODE

1. Mélanger le vinaigre, le cumin et le poivre de Cayenne ou la poudre de piment dans un bol. Assaisonner avec du sel de mer et du poivre noir fraîchement moulu, puis ajouter le porc et mélanger pour enrober.

2. Chauffer une grande poêle à frire légèrement huilée à feu moyen-élevé. Ajouter le porc et cuire de 3 à 4 minutes de chaque côté à feu moyen ou jusqu'à ce qu'il soit cuit à votre goût. Retirer la poêle du feu, puis laisser reposer le porc, couvert, pendant 5 minutes.

3. Pendant ce temps, mélanger délicatement tous les ingrédients de la salade dans un grand bol. Servir les steaks de porc garnis de la salade de haricots.

Carré de porc en croûte d'herbes avec purée

Préparation : 10 min / Cuisson : 1h 05 min / Portions : 4

INGREDIENTS

- 1/3 tasse de persil continental frais haché
- 1/3 tasse de menthe fraîche hachée
- 2 cuillères à café de zeste d'orange finement râpé
- 2 cuillères à soupe d'huile d'olive
- Sel et poivre fraîchement moulu
- 2 x 900g (4 escalopes par carré) carré de porc
- 1 kg de patate douce, pelée, hachée
- 250 g de pois mange-tout, parés
- 1 tasse (150 g) de pois frais ou de pois surgelés

MÉTHODE

1. Préchauffer le four à 180°C. Tapisser une plaque à pâtisserie de papier cuisson antiadhésif. Mélanger le persil, menthe, zeste d'orange et huile. Assaisonner de sel et de poivre. À l'aide d'un couteau bien aiguisé, retirez la couche supérieure de gras des carrés de porc. Presser le mélange d'herbes uniformément sur les grilles. Placer sur le plateau. Cuire au four pendant 50 minutes. Couvrir de papier d'aluminium. Reposez-vous pendant 15 minutes. Couper les carrés en escalopes.

2. Pendant ce temps, cuire la patate douce dans une casserole d'eau bouillante jusqu'à ce qu'elle soit tendre. Égoutter et écraser.

3. Porter une casserole d'eau à ébullition. Ajouter les pois mange-tout et cuire 1 minute. Ajouter les pois et cuire pendant 1 minute ou jusqu'à ce qu'ils soient justes tendres. Égoutter.

4. Servir le porc avec la purée de patates douces et les petits pois cuits à la vapeur.

Agneau aux épices indiennes avec salsa de pois chiches

Préparation : 10 min / Cuisson : 10 min / Portions : 4

INGREDIENTS

- 1 cuillère à soupe d'huile d'arachide
- 2 gousses d'ail, écrasées
- 2 cuillères à café de gingembre frais finement râpé
- 2 cuillères à café de cumin moulu
- 2 cuillères à café de coriandre moulue
- 1 cc de cardamome moulue
- 1 cc de paprika moulu
- 1 cuillère à café de curcuma moulu
- Sel et poivre noir fraîchement moulu
- 2 (environ 420g) œil de longe d'agneau (sangles dorsales)
- Yaourt nature, pour servir
- **Salsa de pois chiches**

- 1 boîte de 400g de pois chiches, rincés, égouttés
- 1 x 250g de tomates cerise en barquette, coupées en quartiers
- 1 avocat mûr, coupé en deux, dénoyauté, pelé, haché finement
- 1 oignon rouge, coupé en deux, haché finement
- 1 concombre libanais, extrémités parées, hachées finement
- 1/2 tasse de coriandre fraîche hachée grossièrement
- 2 cuillères à soupe de jus de citron frais
- Sel et poivre noir fraîchement moulu

MÉTHODE

1. Mélanger l'huile, l'ail, le gingembre, le cumin, la coriandre moulue, la cardamome, le paprika et le curcuma dans un plat en verre ou en céramique. Assaisonnez avec du sel et du poivre. Ajouter l'agneau et retourner pour l'enrober du mélange d'épices. Couvrir d'une pellicule plastique et placer au réfrigérateur pendant 2 heures pour développer les saveurs.

2. Pour préparer la salsa aux pois chiches, mélanger les pois chiches, la tomate, l'avocat, l'oignon, le concombre, la coriandre et le jus de citron dans un bol moyen. Goûtez et assaisonnez de sel et de poivre.

3. Préchauffer un barbecue ou une poêle à charbon à feu moyen-vif. Ajouter l'agneau et cuire 2-3 minutes de chaque côté pour une cuisson à point ou jusqu'à ce qu'il soit cuit à votre goût. Transférer dans une assiette et couvrir de papier d'aluminium. Laisser reposer 5 minutes.

4. Trancher l'agneau en tranches épaisses dans le sens du grain. Verser la salsa dans les assiettes de service. Garnir d'agneau et servir avec du yaourt

Côtelettes d'agneau avec salade de haricots blancs et verts

Préparation : 05 min / Cuisson : 04 min / Portions : 4

INGREDIENTS

- 275 g de petits haricots verts, garnis sans queue
- 12 côtelettes d'agneau à la française
- 1 gousse d'ail, hachée finement
- 2 cuillères à soupe de jus de citron
- 1 cuillère à soupe d'huile d'olive
- 400 g de haricots cannellini en boîte, rincés, égouttés
- 2 poivrons rouges rôtis, égouttés sur du papier absorbant, finement hachés
- 1/2 petit oignon rouge, haché très finement

MÉTHODE

1. Blanchir les haricots verts dans de l'eau bouillante salée pendant 3 minutes. Rincer à l'eau froide. Égoutter.

2. Chauffer une grande poêle ou un barbecue légèrement graissé à feu moyen-vif. Assaisonner l'agneau avec du sel et du poivre et cuire 2 minutes de chaque côté pour une cuisson mi- saignante, ou à votre goût. Transférer dans une assiette, couvrir de papier d'aluminium sans serrer et laisser reposer 2 minutes.

3. Utilisez une fourchette pour fouetter l'ail, le jus de citron et l'huile dans un grand bol. Ajouter les haricots verts et le reste des ingrédients, assaisonner, puis mélanger pour combiner. Servir avec l'agneau.

Steaks d'agneau aux câpres et sauce tomate

Préparation : 02 min / Cuisson : 20 min / Portions : 4

INGREDIENTS

- 1/4 tasse (60 ml) d'huile d'olive
- 1 oignon, haché finement
- 2 gousses d'ail, écrasées
- 1 cuillère à soupe de romarin frais haché
- 3 boîtes de 400g de haricots cannellini, rincés, égouttés
- 4 steaks de gigot d'agneau de 150 g
- 3 grosses tomates coupées en cubes de 2 cm
- 2 cuillères à soupe de câpres, rincées, égouttées
- 1 cuillère à soupe de feuilles de basilic (déchirées si grosses)

MÉTHODE

1. Faites chauffer 1 cuillère à soupe d'huile dans une poêle à feu doux. Ajouter l'oignon, l'ail et le romarin et cuire doucement, en remuant, pendant 5 minutes jusqu'à ce qu'ils ramollissent. Ajouter les haricots et un filet d'eau, assaisonner, puis couvrir et laisser mijoter à feu très doux pendant 5 minutes. Ajoutez encore 2 cuillères à soupe d'huile, puis écrasez les haricots avec une fourchette jusqu'à consistance lisse. Couvrir et garder au chaud.

2. Pendant ce temps, faire chauffer le reste de l'huile dans une poêle à feu moyen-élevé. Assaisonner l'agneau, puis cuire 3 à 4 minutes de chaque côté pour une cuisson mi-saignante ou à votre goût. Débarrasser dans une assiette, couvrir de papier d'aluminium et réserver.

3. Ajouter les tomates, les câpres et un peu de sel et de poivre dans la poêle d'agneau et cuire, en remuant, à feu doux pendant 3-4 minutes jusqu'à ce que les tomates aient ramolli. Incorporer les jus restants de l'agneau. Trancher l'agneau, puis servir sur une purée avec la sauce tomate, garnie de basilic.

Agneau au céleri-rave & lentilles braisées

Préparation : 10 min / Cuisson : 1h 08 min / Portions : 4

INGREDIENTS

- 600g d'agneau en dés
- Sel et poivre fraîchement moulu
- 2 cuillères à soupe d'huile d'olive
- 1 oignon, pelé et haché
- 3 gousses d'ail, pelées et tranchées finement
- 1 céleri-rave moyen, pelé, haché grossièrement
- 2 cuillères à café de zeste de citron râpé
- 2 cuillères à café de romarin frais haché
- 750 ml (3 tasses) de bouillon de légumes Massel
- 2 carottes, pelées, hachées grossièrement
- 1/2 tasse de lentilles brunes séchées
- 1 tasse de feuilles de persil continental frais, grossièrement déchirées
- Orge cuit pour servir

MÉTHODE

1. Assaisonner l'agneau de sel et de poivre. Chauffer l'huile d'olive dans une grande casserole à fond épais à feu modérément élevé. Cuire l'agneau pendant 5 minutes ou jusqu'à ce qu'il commence à peine à dorer. Ajouter l'oignon, l'ail et le céleri et cuire encore 3 minutes. Ajouter le zeste de citron, le romarin et le bouillon de légumes. Couvrir et laisser mijoter 30 min.

2. Retirer le couvercle et laisser mijoter 15 min. Ajouter la carotte et les lentilles brunes et cuire en remuant de temps en temps pendant 15 minutes ou jusqu'à ce que les lentilles soient juste cuites. Ajouter le persil et servir avec de l'orge cuite.

Agneau avec purée de kumara

Préparation : 05 min / Cuisson : 35 min / Portions : 4

INGREDIENTS

- 750 g de kumara (patate douce orange), pelée, coupée en morceaux de 2 cm
- 1 cuillère à café de pâte à tartiner allégée
- 2 cuillères à soupe de lait écrémé réchauffé
- 2 ccs d'huile d'olive
- 1 oignon brun, coupé en quartiers minces
- 250 g de courgettes coupées en cubes de 2 cm
- 250 g de courge jaune coupée en quatre
- 250 g de tomates cerise en barquette, coupées en deux
- 4 (environ 100g chacun) steaks de gigot d'agneau parés

MÉTHODE

1. Placer le kumara dans un plat allant aux micro-ondes. Couverture. Cuire à puissance ÉLEVÉE (100 %) pendant 10 minutes ou jusqu'à ce qu'ils soient tendres. Égoutter. Ajouter la propagation. Purée. Ajouter le lait, saler et poivrer. Écrasez, en ajoutant plus de lait si nécessaire.

2. Pendant ce temps, faire chauffer la moitié de l'huile dans une poêle à feu moyen. Ajouter l'oignon, les courgettes et la courge. Cuire en remuant pendant 7 minutes. Ajouter les tomates. Augmenter le feu à vif. Cuire en remuant pendant 3 minutes.

3. Préchauffer un grill à feu moyen-élevé. Badigeonner l'agneau du reste d'huile. Assaisonner de poivre. Cuire 3 minutes de chaque côté. Rester debout pendant 5 minutes. Servir avec de la purée de kumara et des légumes

Agneau aux lentilles, feta et menthe

Préparation : 10 min / Cuisson : 30 min / Portions : 4

INGREDIENTS

- 250 g de tomates cerise en barquette
- 1/4 tasse (60 ml) d'huile d'olive
- 1/2 tasse (80 g) d'olives Kalamata, hachées
- 2 lanières d'agneau de 200g, parées
- 1 cuillère à soupe de romarin haché
- 400g de lentilles en boîte, rincées, égouttées
- 1 cuillère à soupe de jus de citron
- 150 g de feta faible en gras, émiettée
- 1 cuillère à café de menthe séchée
- 2 cuillères à soupe de feuilles de menthe

MÉTHODE

1. Préchauffer le four à 200C.
2. Mélanger les tomates dans 2 cuillères à café d'huile, assaisonner et placer sur une plaque à pâtisserie. Rôtir pendant 15 minutes jusqu'à ce qu'elles soient tendres, en ajoutant les olives pendant les 5 dernières minutes.
3. Pendant ce temps, frotter l'agneau avec du romarin et 2 cuillères à café d'huile. Assaisonner, puis cuire dans une poêle à feu moyen-élevé pendant 4 minutes ou jusqu'à ce qu'ils soient dorés. Retourner et cuire encore 3 minutes pour une cuisson mi-saignante, ou jusqu'à ce que la cuisson soit à votre goût.
4. Faites reposer l'agneau, recouvert sans serrer de papier d'aluminium, pendant que vous réchauffez les lentilles dans une petite casserole d'eau frémissante pendant 5 minutes. Égoutter les lentilles et mélanger avec le jus de citron et les 2 cuillères à soupe d'huile restantes. Saison.
5. Pour servir, parsemer les lentilles dans les assiettes, garnir de tranches d'agneau et parsemer de feta, de tomates, d'olives et de menthe séchée et fraîche.

Agneau au thym citronné avec quinoa au fenouil et persil

__Préparation : 15 min / Cuisson : 12 min / Portions : 4__

INGREDIENTS

- 3 étapes de la méthode1 1/2 tasse (200g) de quinoa
- 4 lanières d'agneau (environ 200g chacune)
- 2 ccs de moutarde de Dijon
- 2 cuillères à soupe de feuilles de thym citronné
- 2 petits bulbes de fenouil, parés, tranchés finement
- 1/2 tasse de feuilles de persil plat hachées
- 1 cuillère à soupe d'huile d'olive
- 1 gousse d'ail, hachée finement
- Zeste et jus d'1 citron
- Quartiers de citron, pour servir
- Harissa, pour servir

MÉTHODE

1. Cuire le quinoa dans une grande casserole d'eau bouillante pendant 12 minutes ou jusqu'à ce qu'il soit tendre. Égoutter.

2. Pendant ce temps, frotter l'agneau avec la moutarde, le thym, le sel et le poivre. Chauffer une grande poêle antiadhésive légèrement huilée à feu moyen-vif. Cuire l'agneau 3 minutes de chaque côté pour une cuisson mi- saignante ou à votre goût. Retirer du feu et laisser reposer, à couvert, pendant 5 minutes.

3. Mélanger le quinoa avec le reste des ingrédients et assaisonner. Trancher l'agneau en tranches épaisses et servir sur du quinoa avec du citron et de la harissa.

Steaks d'agneau dukkah

Préparation : 15 min / Cuisson : 20 min / Portions : 4

INGREDIENTS

- 3 ccs d'huile d'olive
- 1 petit oignon rouge, coupé en dés
- 2 gousses d'ail, écrasées
- 1/2 sachet de 250g de couscous perlé
- 1 tasse d'eau bouillante
- 200 g de chou rouge émincé
- 4 (450g) steaks de gigot d'agneau
- 1 cuillère à soupe de dukkah à la pistache
- 1/2 x 250 g de tomates raisins en barquette, coupées en deux
- 30g de pousses d'épinards
- 75 g de feta faible en gras, émiettée
- 1/3 tasse de yaourt à la grecque allégé
- 2 cuillères à soupe de feuilles de menthe fraîche, hachées

MÉTHODE

1. Faites chauffer 2 cuillères à café d'huile dans une casserole à feu moyen. Ajouter l'oignon et l'ail. Cuire, en remuant, de 3 à 4 minutes ou jusqu'à ce qu'ils ramollissent. Ajouter le couscous. Cuire, en remuant constamment, pendant 1 minute ou jusqu'à ce qu'il soit enrobé. Ajouter de l'eau bouillante. Laisser mijoter, couvert, en remuant de temps en temps, pendant 6 minutes ou jusqu'à ce que le couscous soit juste tendre. Incorporer le chou. Couverture. Mettre de côté.

2. Presser le dukkah sur les steaks. Chauffer le reste de l'huile dans une poêle à feu moyen-élevé. Cuire les steaks de 2 à 3 minutes de chaque côté à point ou jusqu'à ce qu'ils soient cuits à votre goût. Transférer dans une assiette. Couvrir de papier d'aluminium. Laisser reposer 5 minutes.

3. Incorporer les tomates, les épinards et la feta au mélange de couscous. Mélanger le yaourt et la menthe dans un bol. Servir les steaks avec le mélange de couscous et le mélange de yaourt.

Pain de viande italien

Préparation : 25 min / Cuisson : 1h / Portions : 6

INGREDIENTS

- 4 tranches de pain de soja et graines de lin, croûtes enlevées
- 300 g de viande hachée de veau maigre
- 250 g de viande hachée de porc maigre
- 1 petite courgette, râpée
- 1 petite carotte, pelée, râpée
- 3 oignons verts, tranchés finement
- 1/4 tasse de pignons de pin, grillés
- 1/4 tasse de feuilles de persil plat frais, hachées
- 1/4 tasse de feuilles de basilic frais, râpées
- 1/4 tasse de tomates semi-séchées sans gras à 97 %, hachées finement
- 1 jaune d'œuf, légèrement battu
- 1/4 tasse de fromage cottage faible en gras
- 200g de haricots verts, 300g de brocoli et
- 750 g de pommes de terre chat, cuites à la vapeur, pour servir

MÉTHODE

1. Préchauffer le four à 180°C/160°C chaleur tournante. Beurrez un moule à pain de 7 cm de profondeur et de 10 cm x 20 cm (base). Tapisser de papier sulfurisé en laissant dépasser de 2 cm aux extrémités. Traitez le pain jusqu'à ce que des miettes se forment.

2. Mélanger le hachis, les courgettes, la carotte, l'oignon, les pignons de pin, le persil, le basilic, la tomate, l'œuf, le fromage et la chapelure dans un bol. Assaisonner de poivre. Presser le mélange dans le moule préparé.

3. Cuire au four de 50 minutes à 1 heure ou jusqu'à ce que le pain de viande soit bien cuit et ferme au toucher. Laisser reposer 10 minutes. Soulevez sur une planche. Tranche. Servir avec des légumes.

Veau et ricotta

Préparation : 15 min / Cuisson : 50 min / Portions : 6

INGREDIENTS

- 3 ccs d'huile d'olive
- 6 (600g) escalopes de veau non panées, coupées en deux
- 1 oignon brun moyen, haché finement
- 2 gousses d'ail, écrasées
- Pot de 225 g d'aubergines grillées, égouttées, rincées, hachées
- Pot de 700g de sauce tomate pour pâtes
- 400g de lentilles brunes, égouttées, rincées

- 1/4 tasse de feuilles de basilic frais, déchirées
- 50g de pousses d'épinards
- 350 g de ricotta fraîche allégée
- 1 œuf, légèrement battu
- 2 cuillères à soupe de parmesan râpé
- 2 cuillères à soupe de fromage à pizza râpé allégé
- Petites feuilles de basilic, pour servir

MÉTHODE

1. Préchauffer le four à 180°C /160°C chaleur tournante. Graisser légèrement un plat de cuisson de 6 cm de profondeur, 20 cm x 30 cm (base) d'une capacité de 10 tasses. Faites chauffer 1 cuillère à café d'huile dans une grande poêle à feu vif. Cuire les escalopes, par lots, pendant 30 secondes de chaque côté ou jusqu'à ce qu'elles soient légèrement dorées. Transférer dans une assiette.

2. Chauffer le reste de l'huile à feu moyen. Ajouter l'oignon et l'ail. Cuire, en remuant, de 2 à 3 minutes ou jusqu'à ce qu'ils ramollissent. Ajouter l'aubergine. Cuire, en remuant, pendant 1 minute. Ajouter la sauce tomate. Cuire, en remuant de temps en temps, pendant 6 à 8 minutes ou jusqu'à ce qu'ils épaississent légèrement. Ajouter les lentilles, le basilic et les épinards. Cuire, en remuant de temps en temps, pendant 2 minutes ou jusqu'à ce qu'il soit à peine flétri.

3. Disposer la moitié des escalopes au fond du plat préparé. Verser sur la moitié du mélange de sauce. Répéter avec les escalopes restantes et le mélange de sauce.

4. Mélanger la ricotta, l'œuf et 1 cuillère à soupe de parmesan dans un bol. Assaisonner de poivre. Verser sur le mélange de sauce. Dessus lisse. Saupoudrer du reste de parmesan et de fromage à pizza. Cuire au four de 25 à 30 minutes ou jusqu'à ce que le dessus soit doré. Rester debout pendant 5 minutes. Garnir de basilic. Servir.

Chapitre 4

Recettes de Haricots et Céréales

Haricots beurre braisés à la roquette

__Préparation : 10 min / Cuisson : 10 min / Portions : 4__

INGREDIENTS

- 1 cuillère à soupe d'huile d'olive extra vierge
- 2 échalotes, hachées finement
- 2 gousses d'ail, tranchées finement
- 1/4 tasse de vin blanc sec
- 400 g de haricots beurre en conserve, rincés, égouttés
- 2 bouquets de roquette, parés
- 2 cuillères à soupe de jus de citron

METHODE

1. Chauffer l'huile dans une grande poêle à feu moyen. Ajouter les échalotes et l'ail. Cuire, en remuant, pendant 5 minutes ou jusqu'à ce qu'ils soient tendres. Ajouter du vin. Laisser mijoter jusqu'à réduction de moitié.

2. Ajouter des haricots. Mélanger pour combiner. Cuire pendant 2 m nutes ou jusqu'à ce que le tout soit chaud. Ajouter une fusée. Cuire pendant 1 minute ou jusqu'à ce qu'ils commencent tout juste à flétrir. Assaisonnez avec du sel et du poivre. Servir arrosé de jus de citron.

Soupe aux lentilles brunes et légumes

Préparation : 15 min / Cuisson : 30 min / Portions : 4

INGREDIENTS

- 1 cuillère à soupe d'huile d'olive
- 2 carottes, pelées, coupées en dés
- 2 courgettes, coupées en dés
- 2 branches de céleri, coupées en dés
- 1 oignon brun, haché finement
- 400g de tomates en dés
- 2 tasses de bouillon de légumes Massel
- 400 g de lentilles brunes, rincées, égouttées
- 1/2 tasse de feuilles de persil plat, hachées
- 1 citron, coupé en quatre
- 4 petits pains croustillants aux grains entiers, pour servir

METHODE

1. Chauffer l'huile dans une grande casserole à feu moyen-élevé. Ajouter les carottes, les courgettes, le céleri et l'oignon. Cuire, en remuant de temps en temps, pendant 10 minutes ou jusqu'à ce que les légumes commencent à ramollir.

2. Ajouter les tomates et le bouillon dans la poêle. Couvrir et porter à ébullition. Réduire le feu à moyen-doux. Laisser mijoter, partiellement couvert, pendant 15 minutes ou jusqu'à ce que les légumes soient tendres.

3. Ajouter les lentilles à la soupe. Cuire 5 minutes ou jusqu'à ce que le tout soit chaud. Verser la soupe dans des bols. Saupoudrer de persil et presser le jus de citron. Assaisonner de poivre noir fraîchement moulu. Servir avec des quartiers de citron et des petits pains.

Burgers de pois chiches à la chermoula

Préparation : 35 min / Cuisson : 15 min / Portions : 4

INGREDIENTS

- 9 étapes de la méthode
- 1 cuillère à soupe d'huile d'olive extra vierge, plus 1 cuillère à soupe supplémentaire
- 1 gros oignon, haché finement
- 1 gousse d'ail, écrasée
- 400 g de pois chiches en boîte, rincés, égouttés
- 1 tasse (85 g) de chapelure de grains entiers fraîche
- 1 œuf, légèrement battu
- 1-2 cuillères à soupe de farine de pois chiches (besan), pour épaissir (facultatif)
- La laitue Cos, pour servir
- Pain pita, réchauffé et coupé en quartiers, pour servir
- Taboulé, pour servir
- Houmous, pour servir
- Salade de betteraves rouges au four, pour servir
- **Chermoula**
- 1/2 oignon, haché finement
- 1 cuillère à café de feuilles de coriandre finement hachées
- 2 cuillères à café de persil plat finement haché
- 1 gousse d'ail, écrasée
- 3 cuillères à café de cumin moulu
- 2 ccs de paprika doux
- 1 cuillère à café de curcuma moulu
- Pincée de poivre de Cayenne

METHODE

1. Pour faire la chermoula, mélanger tous les ingrédients dans un bol et réserver pour permettre aux saveurs de se développer.
2. Faire chauffer l'huile dans une poêle, ajouter l'oignon et l'ail et cuire à feu doux pendant 5 minutes ou jusqu'à ce qu'ils soient dorés.

Curry de pois chiches aux épinards

Préparation : 20 min / Cuisson : 10 min / Portions : 4

INGREDIENTS

- 125 ml (1/2 tasse) de bouillon de poulet style Massel
- 1 cuillère à soupe de sauce de poisson
- 1 cuillère à café de cassonade
- 650g de filets de barramundi, coupés en gros morceaux
- 1 boîte de 400g de pois chiches, rincés, égouttés
- 70 g de pousses d'épinards
- Feuilles de coriandre fraîche, pour servir
- Riz vapeur, pour servir
- Quartiers de citron, pour servir

Pâte au curry

- 1 piment long rouge frais, épépiné, haché grossièrement
- 1 tige de citronnelle, partie blanche seulement, hachée finement
- 1 échalote française, pelée, hachée
- 1 gousse d'ail
- 2 cuillères à café de gingembre finement râpé
- 2 cuillères à café de racine de coriandre fraîche hachée
- 250 ml (1 tasse) de lait de coco

METHODE

1. Pour faire de la pâte de curry, placez le piment, la citronnelle, l'échalote, l'ail, le gingembre, la racine de coriandre et le lait de coco dans le bol d'un robot culinaire. Processus jusqu'à consistance lisse.

2. Chauffer la pâte dans un wok à feu moyen pendant 1 à 2 minutes ou jusqu'à ce qu'elle soit aromatique. Ajouter le bouillon, la sauce de poisson et le sucre et cuire, en remuant de temps en temps, pendant 1 à 2 minutes.

3. Ajouter le poisson et cuire pendant 2-3 minutes ou jusqu'à ce que la chair s'effrite facilement lorsqu'on la teste avec une fourchette. Ajouter les pois chiches et les épinards et cuire 1 à 2 minutes ou jusqu'à ce que les épinards tombent.

4. Répartir le curry dans les assiettes de service et parsemer de feuilles de coriandre. Servir avec du riz et des quartiers de citron.

Soupe aux haricots et légumes

Préparation : 15 min / Cuisson : 32 min / Portions : 4

INGREDIENTS

- 1 cuillère à soupe d'huile d'olive
- 1 oignon, haché finement
- 2 gousses d'ail, écrasées
- 400g de petites pommes de terre chat, légèrement hachées
- 4 tasses de bouillon de légumes Massel
- 400g de tomates en dés
- 2 tasses d'eau
- 2 boîtes de 300g de graines de soja, rincées, égouttées
- 1 botte d'épinards anglais, parés, lavés, hachés
- 1/3 tasse de feuilles de persil continental, hachées

METHODE

1. Chauffer l'huile dans une grande casserole à feu moyen. Cuire l'oignon et l'ail pendant 4 à 5 minutes, ou jusqu'à ce qu'ils soient légèrement ramollis. Ajouter les pommes de terre et cuire, en remuant, pendant 1 minute.

2. Ajouter le bouillon, les tomates et l'eau. Porter à ébullition. Réduire le feu à moyen et laisser mijoter, à découvert, pendant 20 minutes.

3. Incorporer les fèves de soja et cuire à découvert pendant 5 minutes supplémentaires.

4. Incorporer les épinards et le persil. Cuire 1 minute ou jusqu'à ce que les épinards tombent. Assaisonner de poivre.

Piment aux haricots

Préparation : 5 min / Cuisson : 15 min / Portions : 4

INGREDIENTS

- 2 cuillères à soupe d'huile d'olive extra vierge
- 1 oignon, haché
- 2 gousses d'ail, écrasées
- 1 poivron rouge, haché
- 1 cuillère à café d'assaisonnement cajun
- 1 petit piment rouge frais, haché
- 400 g de mélange de 4 haricots Colles Brand
- Boîte de 420 g de haricots chili mexicains
- 400 g de tomates en dés italiennes de marque Colles
- 2 cuillères à soupe de persil plat, haché
- Sachet de 450g de riz blanc aux micro-ondes
- 1/4 tasse de yaourt nature

METHODE

1. Chauffer l'huile dans une grande casserole à feu moyen. Ajouter l'oignon et cuire pendant 4 à 5 minutes ou jusqu'à ce qu'il soit tendre.

2. Ajouter l'ail dans la poêle et cuire 30 secondes. Ajouter le poivron, l'assaisonnement cajun, le piment, le mélange de 4 haricots, les haricots chili mexicains et les tomates et cuire pendant 8 à 10 minutes ou jusqu'à épaississement. Incorporer le persil.

3. Pendant ce temps, faites cuire le riz en suivant les instructions du paquet.

4. Servir le piment avec le riz et le yaourt.

Soupe aux tomates, céleri et haricots en morceaux

Préparation : 25 min / Cuisson : 30 min / Portions : 4

INGREDIENTS

- 2 cuillères à soupe d'huile d'olive, plus 1 cuillère à soupe supplémentaire pour arroser
- 1 gros oignon, haché finement
- 2 branches de céleri, hachées finement
- 1 cuillère à soupe de feuilles de romarin frais hachées
- 2 gousses d'ail, hachées finement
- 2 boîtes de 400g de haricots cannellini, rincés, égouttés
- 2 tasses (500 ml) de bouillon de poulet style Massel ou de bouillon de légumes
- 5 tomates (750g au total), hachées
- 2 cuillères à soupe de feuilles de persil plat hachées
- 4 petits pains complets, pour servir

METHODE

1. Chauffer l'huile dans une grande poêle à feu moyen. Ajouter l'oignon, le céleri, le romarin et l'ail et remuer pendant 5 minutes jusqu'à ce que les légumes ramollissent. Ajouter les haricots, le bouillon et les tomates. Assaisonner avec du sel et du poivre, porter à ébullition à feu vif, puis réduire le feu à doux, couvrir et laisser mijoter doucement pendant 15 minutes ou jusqu'à épaississement. Incorporer le persil, puis verser la soupe dans des bols. Arroser d'huile supplémentaire et servir avec des petits pains.

Soupe au maïs, bacon et courgettes

Préparation : 15 min / Cuisson : 20 min / Portions : 6

INGREDIENTS

- 30g de beurre
- 4 échalotes, extrémités parées, tranchées finement
- 4 tranches de bacon courtes, coupées en deux dans le sens de la longueur, coupées en fines lanières
- 3 (environ 450g) courgettes, coupées en morceaux de 1 cm
- 1 boîte de 420 g de grains de maïs égouttés
- 2 boîtes de 420g de maïs crémeux
- 500 ml (2 tasses) de bouillon de poulet style Massel ou de bouillon de légumes
- Pain croûté, pour servir

METHODE

1. Faire fondre le beurre dans une casserole à feu moyen. Ajouter l'échalote et le bacon et cuire, en remuant de temps en temps, pendant 5 minutes ou jusqu'à ce que l'échalote soit dorée. Ajouter les courgettes et cuire 1 minute.

2. Incorporer les grains de maïs, la crème de maïs et le bouillon. Couvrir et porter à ébullition. Réduire le feu à moyen-doux et laisser mijoter, partiellement couvert, pendant 10 minutes ou jusqu'à ce que les courgettes soient tendres.

3. Verser la soupe parmi les bols de service. Servir avec du pain croûté.

Soupe de lentilles rouges au curry

Préparation : 05 min / Cuisson : 30 min / Portions : 6

INGREDIENTS

- 1 cuillère à soupe d'huile d'olive
- 1 oignon brun, haché
- 3 gousses d'ail, hachées
- 1 cuillère à soupe de curry doux en poudre
- 1 1/2 tasse de lentilles rouges séchées
- 1 tomate, hachée grossièrement
- 4 tasses de bouillon de légumes Massel
- 2 cuillères à soupe de crème sure allégée
- 2 cuillères à soupe de feuilles de persil plat frais hachées
- Pain croûté, pour servir

METHODE

1. Chauffer l'huile dans une grande casserole à feu moyen. Cuire l'oignon et l'ail de 3 à 5 minutes ou jusqu'à ce que l'oignon soit tendre. Ajouter le curry en poudre. Cuire 30 secondes ou jusqu'à ce qu'il soit parfumé.

2. Ajouter les lentilles, la tomate, le bouillon et 1 tasse d'eau tiède. Porter à ébullition. Réduire le feu à moyen-doux. Laisser mijoter, à découvert, pendant 20 minutes ou jusqu'à ce que la soupe ait épaissi et que les lentilles soient cuites.

3. Verser la soupe dans des bols. Garnir de crème sure et de persil. Servir avec du pain.

Haricots verts aux oignons rouges et groseille

Préparation : 10 min / Cuisson : 05 min / Portions : 4

INGREDIENTS

- 300 g de haricots verts fins
- 1 cuillère à soupe d'huile d'olive extra vierge
- 1 cuillère à soupe de vinaigre de vin rouge
- 1 petit oignon rouge, tranché finement
- 50g de groseilles (congelées, décongelées ou fraîches)

METHODE

1. Top mais ne queue pas les haricots. Cuire dans une casserole d'eau salée frémissante pendant 3 minutes, puis égoutter et réserver.

2. Mélanger les deux huiles avec le vinaigre dans un bol et assaisonner au goût avec du sel et du poivre.

3. Ajouter les haricots verts, l'oignon rouge et les groseilles et bien mélanger pour servir.

Lentilles vertes au potiron rôti et fenouil

Préparation : 10 min / Cuisson : 50 min / Portions : 4

INGREDIENTS

- 3/4 tasse (200 g) de lentilles vertes séchées, rincées, égouttées
- 1 petit oignon brun, coupé en deux
- 1 feuille de laurier séchée
- 500 g de courge butternut, pelée, coupée en morceaux de 3 cm
- 1 bulbe de fenouil moyen (300 g), paré, coupé en quatre
- 1 cuillère à soupe d'huile d'olive
- 2 cuillères à café de feuilles de thym frais
- 20g de bébé roquette
- 2 cuillères à soupe de jus de citron

METHODE

1. Préchauffer le four à 180°C/160°C chaleur tournante. Placer les lentilles, oignon, feuille de laurier et 5 tasses d'eau froide dans une casserole à feu vif. Porter à ébullition. Réduire le feu à doux. Laisser mijoter 45 minutes ou jusqu'à ce que les lentilles soient juste tendres. Égoutter. Retirer et jeter l'oignon et la feuille de laurier.

2. Pendant ce temps, mettre le potiron, le fenouil, l'huile et le thym dans un plat allant au four. Assaisonnez avec du sel et du poivre. Mélanger pour enrober. Cuire au four de 40 à 45 minutes ou jusqu'à ce que la citrouille soit dorée et tendre. Transférer dans un grand bol.

3. Ajouter le mélange de lentilles, la roquette et le jus de citron au mélange de citrouille. Mélanger doucement pour combiner. Servir.

Soupe aux pois cassés verts et bacon

Préparation : 05 min / Cuisson : 40 min / Portions : 4

INGREDIENTS

- 1 cuillère à soupe d'huile d'olive
- 1 gros oignon brun, haché finement
- 2 gousses d'ail, écrasées
- 1 1/4 tasse de pois cassés verts séchés, rincés
- 2 tasses de bouillon liquide stylent poulet Massel
- 2 cuillères à soupe de jus de citron
- 125 g de bacon raccourci rashers, sans couenne
- Paprika fumé, pour servir
- Petits pains, pour servir

METHODE

1. Chauffer l'huile dans une casserole à feu moyen-élevé. Ajouter l'oignon et l'ail. Cuire, en remuant, pendant 3 minutes ou jusqu'à ce qu'ils soient tendres. Ajouter les pois. Remuer pour enrober. Ajouter le bouillon et 2 tasses d'eau froide.

2. Porter à ébullition. Réduire le feu à doux. Laisser mijoter, partiellement couvert, pendant 25 minutes ou jusqu'à ce que les pois soient tendres. Retirer du feu. Traiter la moitié du mélange jusqu'à consistance lisse. Remettre dans la casserole. Incorporer le jus de citron. Cuire pendant 3 minutes ou jusqu'à ce que le tout soit chaud.

3. Pendant ce temps, faire chauffer une poêle à feu moyen-élevé. Ajouter le bacon. Cuire en les retournant pendant 4 à 5 minutes ou jusqu'à ce qu'ils soient croustillants. Transférer dans une assiette tapissée d'essuie-tout. Casser en morceaux. Verser la soupe dans des bols. Garnir de bacon et de paprika. Servir avec des petits pains.

Lentilles aux oignons épicés et salade de légumes

Préparation : 10 min / Cuisson : 30 min / Portions : 4

INGREDIENTS

- 1 tasse de lentilles rouges séchées
- 3 tasses d'eau
- 1/2 tasse de boulgour (blé concassé)
- 2 cuillères à soupe d'huile d'olive
- 1 oignon brun, haché
- Oignons épicés
- 1 gros oignon rouge, tranché finement
- 1/2 cuillère à café de sumac
- 1/2 cc de paprika
- Pincée de cumin moulu

- 1/2 tasse de feuilles de persil plat, hachées finement
- Salade de légumes
- 2 tomates, coupées en dés
- 2 concombres, coupés en dés
- 1 petit oignon rouge, coupé en dés
- 1/4 tasse de persil plat, haché finement
- 1 petit citron, pressé
- 1/2 cuillère à café de sumac

MÉTHODE

1. Placer les lentilles dans une casserole à fond épais avec de l'eau. Couverture. Porter à ébullition. Écumez la mousse du dessus de l'eau et jetez-la. Réduire le feu à moyen-doux et laisser mijoter, à découvert, pendant 25 minutes. Retirer du feu. Incorporer le boulgour. Couvrir et réserver.

2. Pendant ce temps, faire chauffer l'huile dans une poêle à feu vif. Ajouter l'oignon. Cuire 5 minutes ou jusqu'à ce qu'ils soient tendres. Ajouter l'oignon au mélange de lentilles. Mélanger pour combiner. (Si la consistance est trop liquide, ajoutez plus de boulgour.)

3. Faire des oignons épicés : mélanger les ingrédients dans un bol. Assaisonner de poivre.

4. Préparez une salade de légumes : mélangez les ingrédients et 1/2 cuillère à café de sel dans un bol.

5. Répartir les lentilles dans les assiettes. Servir avec des oignons épicés et une salade de légumes.

Galettes de lentilles à faible IG avec sauce tomate rôtie

Préparation : 25 min / Cuisson : 40 min / Portions : 4

INGREDIENTS

- 250 g de tomates cerise en barquette, coupées en deux
- 1/3 tasse de basilic, finement râpé
- 500 g de patate douce, pelée, coupée en morceaux de 3 cm
- 2 ccs d'huile d'olive
- 1 petit oignon, haché finement
- 1 gousse d'ail, écrasée
- 1 cuillère à café de cumin moulu

- 1 cc de coriandre moulue
- 2 boîtes de 400g de lentilles brunes, rincées, égouttées
- 1/3 tasse de chapelure emballée
- 1/3 tasse d'huile végétale, pour la cuisson
- jeunes feuilles de roquette assaisonnées de jus de citron, pour servir

MÉTHODE

1. Préchauffer le four à 180°C. Disposer les tomates, côté coupé vers le haut, sur une plaque allant au four. Rôtir pendant 30 minutes ou jusqu'à ce qu'ils soient tendres et légèrement dorés. Refroidir pendant 15 minutes. Transférer dans un robot culinaire et mélanger pour former une sauce épaisse. Assaisonner de poivre. Incorporer la moitié du basilic.

2. Laver la patate douce. Placer sur une assiette résistante aux micro-ondes et résistante à la chaleur. Couvrir et cuire 5 minutes à intensité ÉLEVÉE (100 %) ou jusqu'à ce qu'ils soient tendres. Égoutter. Transférer la patate douce dans un bol. Écrasez grossièrement à la fourchette.

3. Chauffer l'huile dans une casserole à feu moyen. Ajouter l'oignon et cuire 5 minutes ou jusqu'à ce qu'il soit légèrement dorer. Ajouter l'ail, le cumin et la coriandre et cuire, en remuant, pendant 1 minute.

4. À l'aide d'une fourchette, mélanger la patate douce, le mélange d'oignons, les lentilles, le sel et le poivre. Façonner en 8 galettes. Enrober légèrement les deux côtés de chapelure.

5. Faire chauffer l'huile dans une poêle à feu moyen. Cuire les galettes, par lots, pendant 2 minutes de chaque côté ou jusqu'à ce qu'elles soient dorées. Disposer les galettes sur les assiettes. Verser sur la sauce. Garnir du basilic restant. Servir avec la roquette.

Soupe jambon et lentilles rouges

Préparation : 15 min / Cuisson : 40 min / Portions : 4

INGREDIENTS

- 1 cuillère à soupe d'huile d'olive
- 1 oignon brun moyen, haché finement
- 2 carottes moyennes, pelées, hachées
- 3 branches de céleri, finement hachées
- 2 gousses d'ail, écrasées
- 2 litres de bouillon de volaille style Massel
- 100g de jambon de cuisse
- 1 tasse de lentilles rouges, rincées, égouttées
- 1/4 tasse de feuilles de persil plat frais, hachées

MÉTHODE

1. Chauffer l'huile dans une grande casserole à feu moyen. Ajouter l'oignon, les carottes, le céleri et l'ail. Cuire, en remuant, pendant 5 minutes ou jusqu'à ce que l'oignon ait ramolli.

2. Augmenter le feu à vif. Ajouter des actions. Porter à ébullition. Réduire le feu à moyen. Ajouter le jambon et les lentilles. Laisser mijoter de 20 à 30 minutes ou jusqu'à ce que les lentilles soient tendres.

3. Retirer le jambon de la poêle. À l'aide d'une fourchette, effilocher le jambon. Retour à la soupe. Cuire pendant 2 minutes ou jusqu'à ce que le tout soit chaud. Incorporer le persil. Assaisonner de poivre. Servir.

Haricots blancs à faible IG avec tomates cerise et courgettes

Préparation : 10 min / Cuisson : 15 min / Portions : 4

INGREDIENTS

- 1 cuillère à soupe d'huile d'olive
- 1 oignon rouge moyen, coupé en deux, tranché
- 2 gousses d'ail, tranchées finement
- 1 cuillère à soupe de paprika doux
- 250 g de tomates cerise coupées en deux
- 1 courgette moyenne, tranchée finement
- 420g de haricots cannellini en boîte, égouttés, rincés
- 1 cc de vinaigre balsamique
- 1/2 tasse de feuilles de persil plat frais, hachées
- 80g bébé roquette
- 4 tranches de pain complet à faible IG, grillées, pour servir

MÉTHODE

1. Chauffer l'huile dans une grande poêle à feu moyen. Cuire l'oignon, en remuant, pendant 5 minutes ou jusqu'à ce qu'il ramollisse. Ajouter l'ail. Cuire, en remuant, pendant 1 minute. Ajoutez du paprika. Cuire 30 secondes ou jusqu'à ce qu'il soit parfumé.

2. Ajouter les tomates et les courgettes. Cuire de 3 à 4 minutes ou jusqu'à ce que les tomates commencent à s'effondrer. Ajouter les haricots et le vinaigre. Cuire 5 minutes ou jusqu'à ce que le tout soit chaud. Incorporer le persil. Assaisonner de poivre. Servir avec de la roquette et du pain.

Chapitre 5

Recettes de Poissons et Fruits de mer

Poisson harissa grillé

Préparation : 1h 05 min / Cuisson : 15 min / Portions : 4

INGREDIENTS

- 1 1/2 cuillère à soupe d'harissa
- 4 x 200g de filets d'œil bleu, sans la peau
- 1 poivron rouge, coupé en quartiers, épépiné
- 2 boîtes de 400g de pois chiches, égouttés, rincés
- 1/2 tasse de feuilles de persil plat
- 4 oignons verts, tranchés finement
- 1 citron, pressé
- Aérosol de cuisson à l'huile d'olive
- 1/3 tasse de yaourt nature allégé

METHODE

1. Mélanger la harissa et 1/2 tasse d'eau froide dans un plat en céramique peu profond. Ajouter les filets de poisson et retourner pour enrober. Couvrir et réfrigérer 30 minutes, si le temps le permet.

2. Préchauffer un barbecue à feu vif. Placer le poivron, peau vers le bas, sur le gril. Cuire de 8 à 10 minutes ou jusqu'à ce que la peau noircisse. Transférer le poivron dans un sac en plastique. Tournez le dessus pour sceller et laissez reposer 5 minutes. Peler et jeter la peau. Hacher grossièrement le poivron et le mettre dans un bol.

3. Ajouter les pois chiches, le persil et les oignons verts au poivron. Arrosez de 2 cuillères à soupe de jus de citron. Mélanger doucement pour combiner.

4. Réduire la grille du barbecue à feu moyen. Vaporiser les deux côtés du poisson avec de l'huile. Cuire 3 minutes de chaque côté ou jusqu'à ce qu'ils soient bien cuits. Placer le poisson et la salade dans les assiettes. Garnir de yaourt. Assaisonner de poivre et servir.

Bucatini aux crevettes à l'ail

__Préparation : 5 min / Cuisson : 10 min / Portions :__

INGREDIENTS

- 350g de bucatini ou autres pâtes longues
- 2 cuillères à soupe d'huile d'olive
- 3 gousses d'ail, hachées finement
- 20 crevettes tigrées vertes, décortiquées (queues intactes)
- 500 ml de passata de tomates (tomates tamisées)
- Pincée de sucre
- Feuilles de basilic, pour garnir (déchirées si grosses)

METHODE

1. Cuire les pâtes dans une grande casserole d'eau bouillante salée selon les instructions du paquet. Égoutter en réservant 1/4 tasse (60 ml) du liquide de cuisson. Remettre les pâtes dans la poêle (hors du feu) avec le liquide réservé et mélanger.

2. Pendant ce temps, faire chauffer l'huile dans une poêle profonde à feu moyen. Ajouter l'ail et remuer pendant 20 secondes ou jusqu'à ce qu'il soit parfumé. Ajouter les crevettes en remuant pendant 2 minutes ou jusqu'à ce qu'elles commencent à colorer. Ajouter la passata et porter à ébullition, puis réduire le feu à doux et laisser mijoter pendant 5 minutes jusqu'à épaississement. Assaisonner la sauce au goût avec du sucre, du sel et du poivre.

3. Répartir les pâtes dans les bols et garnir de crevettes. Servir parsemé de basilic.

Crevettes au piment et nouilles sucrées

__Préparation : 15 min / Cuisson : 20 min / Portions : 4__

INGREDIENTS

- 125 ml (1/2 tasse) de jus de lime frais
- 1 1/2 cuillère à soupe de sambal oelek
- 1 1/2 cuillère à soupe de gingembre frais râpé
- 3 gousses d'ail, écrasées
- 1 1/2 cuillère à soupe d'huile de noix de coco biologique

- 1 kg de crevettes vertes, décortiquées, déveinées, en laissant les queues intactes
- 270g de nouilles Soba séchées
- 250 g de pois mange-tout
- 1 bouquet de brocoli, coupé en trois en travers
- 1/2 tasse de feuilles de basilic thaï frais
- Quartiers de lime, pour servir

MÉTHODE

1. Mélanger le jus de citron vert, l'huile, le piment, le gingembre et l'ail dans un grand bol en verre ou en céramique. Mettre l'huile de noix de coco dans un petit bol résistant à la chaleur. Placez le bol est une casserole. Ajouter suffisamment d'eau bouillante dans la casserole pour arriver à mi-hauteur du bol. Mettre de côté pendant 2 minutes ou jusqu'à ce qu'il soit fondu, puis ajouter au mélange de jus de lime. Transférer la moitié du mélange dans un bol et réserver. Ajouter les crevettes au mélange de piment restant et mélanger pour combiner. Couvrir et placer au réfrigérateur pendant 30 minutes pour mariner.

2. Pendant ce temps, faites cuire les nouilles dans une grande casserole d'eau bouillante pendant 2 minutes, puis ajoutez les pois mange-tout et les brocolis. Cuire pendant 2 minutes ou jusqu'à ce que les nouilles soient juste tendres et que les légumes soient vert vif et croustillants. Bien égoutter les nouilles et les légumes et remettre dans la poêle.

3. Égoutter les crevettes et ajouter la marinade à la marinade réservée dans le pichet. Faites chauffer une poêle à feu vif. Ajouter la moitié des crevettes et cuire 2-3 minutes de chaque côté ou jusqu'à ce qu'elles soient juste cuites. Transférer dans la poêle avec les nouilles. Répétez avec les crevettes restantes.

4. Ajouter la marinade réservée dans la poêle et porter à ébullition à feu vif. Retirer du feu. Verser sur les nouilles et mélanger jusqu'à ce que le tout soit bien mélangé. Répartir les nouilles dans les assiettes de service et parsemer de basilic. Servir avec du citron vert.

Poisson chermoula avec salade de pois chiches et champignons

Préparation : 20 min / Cuisson : 05 min / Portions : 4

INGREDIENTS

- 1 bouquet de coriandre
- 1 cuillère à café de cumin moulu
- 2 ccs de paprika moulu
- Pincée de flocons de piment
- 2 gousses d'ail, tranchées
- 3 citrons verts, pressés
- 100 ml d'huile d'olive
- 4 filets de vivaneau (200 g chacun) sans la peau

- 400g de pois chiches en boîte, égouttés, rincés
- 1 poivron vert, tranché finement
- 3 tomates mûres, coupées en deux, épépinées, tranchées finement
- 1 oignon rouge, coupé en deux, tranché finement
- 200 g de champignons de Paris, tranchés finement

MÉTHODE

1. Laver la coriandre. Séparez 3 tiges du bouquet. Hacher grossièrement les feuilles et les racines et les placer dans un robot culinaire. Ajouter le cumin, le paprika, le piment, l'ail, 1/4 tasse de jus de citron vert et 2 cuillères à soupe d'huile. Processus jusqu'à consistance lisse. Verser le mélange d'épices dans un plat en céramique.

2. Ajouter le poisson et retourner pour enrober. Couvrir et réfrigérer 10 minutes. Retirer les feuilles de coriandre restante et réserver.

3. Pendant ce temps, mélanger les pois chiches, le poivron, la tomate, l'oignon, les champignons, 2 cuillères à soupe de jus de citron vert et 2 cuillères à soupe d'huile dans un bol. Assaisonner de poivre. Mélanger doucement pour combiner.

4. Faites chauffer 1 cuillère à soupe d'huile restante dans une poêle antiadhésive à feu moyen-vif. Cuire les morceaux de poisson 2 minutes de chaque côté ou jusqu'à ce qu'ils soient bien cuits.

5. Répartir la salade dans les assiettes. Garnir de poisson. Saupoudrer de feuilles de coriandre. Servir.

Poisson aux épices cajun avec salade de maïs frais

Préparation : 15 min / Cuisson : 20 min / Portions : 4

INGREDIENTS

- 2 cuillères à café d'assaisonnement cajun
- 4 filets de poisson blanc désossés (175 g chacun)
- Aérosol de cuisson à l'huile d'olive
- Salade fraîche au maïs
- 2 épis de maïs, grains enlevés
- 250 g de haricots verts, parés
- 1 petit oignon rouge, haché finement
- 1 citron, pressé
- 1/4 tasse de feuilles de coriandre, grossièrement hachées

METHODE

1. Faire la salade : Remplir à moitié une casserole d'eau. Porter à ébullition à feu vif. Ajouter le maïs et les haricots. Cuire de 3 à 4 minutes ou jusqu'à ce que les haricots deviennent vert vif. Égoutter. Rafraîchir sous l'eau froide. Séchez avec une serviette en papier. Mélanger le maïs, les haricots, l'oignon, 2 cuillères à soupe de jus de citron et la coriandre dans un bol. Assaisonnez avec du sel et du poivre.

2. Saupoudrer d'assaisonnement sur les deux côtés du poisson. Frottez doucement sur la surface du bout des doigts.

3. Chauffer une grande poêle antiadhésive à feu moyen-doux. Vaporiser avec de l'huile. Cuire le poisson, par lots, de 3 à 4 minutes de chaque côté ou jusqu'à ce qu'il soit à peine cuit. Servir avec de la salade.

Saumon aux épices des Caraïbes avec salsa à l'ananas

Préparation : 15 min / Cuisson : 15 min / Portions : 4

INGREDIENTS

- 3 échalotes, parées, hachées
- 1 long piment vert frais, épépiné, haché
- 1 cuillère à soupe de piment de la Jamaïque moulu
- 1 cuillère à soupe de sucre roux
- 2 cuillères à café de feuilles de thym séchées
- 4 Filets de Saumon sans peau de Colles
- 500 g d'ananas frais, pelés, épépinés, coupés en morceaux de 1 cm
- 2 cuillères à soupe de coriandre fraîche hachée
- 1 cuillère à soupe de jus de citron vert frais
- Spray d'huile d'olive
- Feuilles de coriandre fraîche, pour servir
- Feuilles de salade mixte, pour servir

METHODE

1. Mélanger l'échalote, le piment, le piment de la Jamaïque, le sucre et le thym séché dans un robot culinaire jusqu'à consistance lisse. Placer le saumon dans un bol en verre ou en céramique. Verser sur le mélange d'épices pour enrober. Couvrir et placer au réfrigérateur pendant 15 minutes pour mariner.

2. Pendant ce temps, mélanger l'ananas, la coriandre hachée et le jus de lime dans un bol.

3. Préchauffer un barbecue ou un grill à feu vif. Cuire le saumon 3 minutes de chaque côté pour une cuisson à point ou jusqu'à ce qu'il soit cuit à votre goût. Répartir le saumon dans les assiettes. Garnir de salsa à l'ananas et de feuilles de coriandre. Servir avec des feuilles de salade.

Filets de poisson chermoula aux tomates rôties

Préparation : 10 min / Cuisson : 30 min / Portions : 4

INGREDIENTS

- 4 filets de poisson d'eau douce bassa (environ 800g)
- 1 bouquet de coriandre fraîche
- 1 cuillère à café de cumin moulu
- 1 cc de paprika doux
- Pincée de flocons de piment
- 3 cuillères à soupe de jus de citron vert
- 2 gousses d'ail, pelées
- 3 cuillères à soupe d'huile d'olive
- Sel
- 2 x 240g de tomates cerise en grappe
- 150g de jeunes pousses d'épinards

MÉTHODE

1. Couper chaque filet de bassa en 3 morceaux et les disposer dans un grand plat en céramique. Dans un mélangeur, mélangez 2 tiges de coriandre (racines également), le cumin, le paprika, le piment, le jus de citron vert, l'ail et 2 cuillères à soupe d'huile d'olive. Assaisonner la pâte avec du sel et verser sur le poisson, mélangé pour couvrir uniformément. Couvrir d'une pellicule de plastique et réfrigérer au moins 1 heure ou jusqu'à ce que vous en ayez besoin.

2. Pendant ce temps préchauffer un four à 200°C. Divisez les tomates en grappe en 4 brins, placez-les sur une plaque à pâtisserie et arrosez du reste d'huile d'olive. Rôtir pendant 30 minutes ou jusqu'à ce qu'ils soient justes tendres.

3. Faites chauffer une poêle à feu moyen-élevé. Cuire le poisson par lots pendant 2 minutes de chaque côté ou jusqu'à ce qu'il soit bien cuit. Répartir les feuilles d'épinards entre les assiettes de service, garnir de poisson, de tomates en grappe et de brins supplémentaires de coriandre fraîche. Sers immédiatement.

Seiche au taboulé de haricots blancs

Préparation : 35 min / Cuisson : 05 min / Portions : 4

INGREDIENTS

- 2 tomates mûries sur pied
- 2 cuillères à soupe de boulgour (blé concassé)
- 400 g de haricots cannellini en boîte, rincés, égouttés
- 1 cuillère à soupe d'huile d'olive
- 10 tubes de seiche nettoyés (300g au total), coupés en deux, sécables
- 1 1/2 tasse de persil plat haché grossièrement
- 1 concombre libanais, haché finement
- 2 cuillères à soupe de jus de citron

MÉTHODE

1. Hachez finement les tomates, puis raclez-les dans un bol avec les jus, les haricots et le boulgour. Remuer, puis laisser reposer environ 30 minutes pour que le boulgour absorbe le jus de tomate et ramollisse.

2. Chauffer l'huile dans une grande poêle antiadhésive à feu moyen-élevé. En 2 fournées, cuire les seiches en remuant pendant 2 minutes jusqu'à ce qu'elles soient opaques et commencent à dorer.

3. Ajouter le persil, le concombre et le jus de citron au mélange de haricots et mélanger pour combiner. Ajouter les seiches et tout jus de cuisson et assaisonner au goût avec du sel de mer et du poivre noir fraîchement moulu. Répartir dans les assiettes et servir aussitôt.

Poisson au gingembre cuit à la vapeur

__Préparation : 20 min / Cuisson : 15 min / Portions : 4__

INGREDIENTS

- 1 cuillère à soupe de sauce soja réduite en sel
- 1 gousse d'ail, écrasée
- 1 cuillère à soupe de vinaigre de vin de riz
- 2 cuillères à café de mirin
- 4 x 120g de filets de poisson blanc ferme
- 5 cm de gingembre frais, pelé, coupé en allumettes
- 2 cuillères à soupe de tiges de coriandre hachées (longueur 2 cm)
- 2 bouquets de Gai Lan (brocoli chinois), tiges et feuilles séparées, hachées
- 1/2 cuillère à café d'huile de sésame
- 3 tasses de riz brun cuit à faible IG
- Piment long rouge tranché, pour servir
- Quartiers de lime, pour servir
- Feuilles de coriandre fraîche, pour servir

MÉTHODE

1. Mélanger le soja, l'ail, le vinaigre, le mirin et 2 cuillères à café d'eau froide dans un bol. Placer 1 feuille de papier cuisson sur une surface plane. Placer 1 filet de poisson au centre du papier. Garnir de 1⁄4 des tiges de gingembre et de coriandre. Arroser avec 1/4 du mélange de soja. Repliez le papier cuisson pour enfermer la garniture. Fixez avec de la ficelle de cuisine. Répéter avec le reste du papier sulfurisé, le poisson, le gingembre, les tiges de coriandre et le mélange de soja.

2. Placez un grand cuiseur vapeur sur un wok ou une grande casserole d'eau frémissante. Placer les colis, joint vers le haut, dans le cuiseur vapeur. Cuire à couvert pendant 6 à 8 minutes ou jusqu'à ce que le poisson soit bien cuit. Retirez le cuiseur vapeur du wok. Retirez délicatement le poisson du cuiseur vapeur.

3. Placer les tiges de brocoli dans le cuit-vapeur. Retournez au wok. Cuire à couvert pendant 3 à 4 minutes ou jusqu'à ce qu'ils soient justes tendres. Ajoutez des feuilles. Cuire à couvert pendant 1 à 2 minutes ou jusqu'à ce qu'ils ramollissent.

4. Retirez et jetez la ficelle des colis. Répartir le brocoli entre les assiettes de service. Garnir de poisson et arroser de sauce de colis et d'huile de sésame. Servir avec du riz. Saupoudrer de piment et de feuilles de coriandre et servir avec des quartiers de lime.

Minestrone de poisson au pesto

__Préparation : 20 min / Cuisson : 25 min / Portions : 6__

INGREDIENTS

- 2 cuillères à soupe d'huile d'olive extra vierge
- 2 poireaux (partie blanche seulement), tranchés finement
- 2 branches de céleri, tranchées finement
- 3 petites carottes, tranchées finement
- 1,5 L (6 tasses) de bouillon de poulet bouillant style Massel ou d'eau
- 2 petites courgettes, tranchées finement
- 150 g de haricots verts, tranchés finement en biais
- 400 g de haricots borlotti en boîte, rincés, égouttés
- 4 filets de rouget (environ 70g chacun)
- 2 cuillères à soupe de pesto
- Feuilles de persil plat, pour garnir

MÉTHODE

1. Faire chauffer l'huile d'olive dans une grande casserole et cuire les poireaux et le céleri à feu moyen-doux pendant 5 minutes ou jusqu'à ce qu'ils soient tendres. Ajouter les carottes et le bouillon ou l'eau bouillante et porter à ébullition à feu vif. Réduire le feu à moyen-doux et laisser mijoter 10 minutes.

2. Ajouter les courgettes, les haricots verts et les haricots borlotti et laisser mijoter pendant 5 minutes ou jusqu'à ce que les haricots soient bien chauds et que les légumes soient juste tendre.

3. Glissez les filets de poisson dans la soupe et laissez mijoter encore 5 minutes. Saler et poivrer, puis verser la soupe dans des bols en plaçant le poisson dessus.

4. Versez une cuillerée de pesto sur le poisson, saupoudrez de persil et servez.

Poisson à la purée de pois chiches aux herbes

Préparation : 20 min / Cuisson : 25 min / Portions : 4

INGREDIENTS

- 1 cuillère à soupe d'huile d'olive
- 1 oignon brun, haché finement
- 1 gousse d'ail, écrasée
- 1 1/2 cuillère à café de cumin moulu
- 1 tasse de bouillon liquide de style poulet à teneur réduite en sel Massel
- 2 boîtes de 420g de pois chiches, égouttés, rincés
- 1 cuillère à soupe de jus de citron
- 1/2 tasse de persil, haché grossièrement
- 4 morceaux de filets de poisson
- 2 tasses de bébés épinards
- 2 tomates, hachées

MÉTHODE

1. Chauffer une casserole à feu moyen jusqu'à ce qu'elle soit chaude. Ajouter 2 cuillères à café d'huile, oignon, ail et cumin. Cuire, en remuant, de 3 à 5 minutes ou jusqu'à ce qu'ils soient tendres. Ajouter le bouillon et les pois chiches. Porter à ébullition. Réduire le feu à doux. Laisser mijoter 10 minutes. Retirer du feu. Incorporer le jus de citron. Traiter ou mélanger jusqu'à consistance lisse. Incorporer le persil et le poivre.

2. Pendant ce temps, faites chauffer une poêle antiadhésive ou un grill à feu moyen. Badigeonner le poisson avec les 2 cuillères à café d'huile restantes. Assaisonner légèrement de poivre. Cuire de 3 à 5 minutes de chaque côté ou jusqu'à ce qu'ils soient tout juste cuits.

3. Répartir la purée de pois chiches chaude sur 4 assiettes de service. Garnir de pousses d'épinards, de poisson et de tomates hachées. Servir.

Poisson avec salade tiède de fenouil

Préparation : 10 min / Cuisson : 10 min / Portions : 4

INGREDIENTS

- 2 citrons moyens
- 1 1/2 cuillère à soupe d'huile d'olive
- 1 (250g) bulbe de fenouil, paré, tranché finement, les feuilles réservées, hachées
- 1 petit oignon rouge, tranché finement
- 200 g de tomates raisins, coupées en deux
- 420 g de haricots cannellini en boîte, égouttés, rincés
- 4 (175g chacun) filets de poisson saint-pierre

MÉTHODE

1. Jus 1 citron. Couper le citron restant en quartiers. Faites chauffer 1 cuillère à soupe d'huile dans une poêle à feu moyen-élevé. Ajouter le fenouil et l'oignon. Cuire, en remuant, pendant 2 minutes ou jusqu'à ce qu'ils ramollissent à peine. Transférer dans un bol. Ajouter la tomate, les haricots, 2 cuillères à soupe de jus de citron et les feuilles réservées. Assaisonnez avec du sel et du poivre.

2. Arroser le poisson du reste de l'huile. Assaisonnez avec du sel et du poivre. Chauffer une plaque de barbecue graissée ou un grill à feu moyen. Cuire le poisson de 3 à 4 minutes de chaque côté ou jusqu'à ce qu'il soit bien cuit. Servir avec le mélange de fenouil et des quartiers de citron.

Soupe de poisson du marché flottant

Préparation : 25 min / Cuisson : 15 min / Portions : 4

INGREDIENTS

- 600g de filets de poisson blanc (type œil bleu ou vivaneau)
- 100g de vermicelles de haricot (nouilles de verre)
- 2 tiges de citronnelle
- 1,2 litre de bouillon de volaille façon poulet Massel
- 3 échalotes, émincées finement
- 1 long piment rouge, tranché
- 2 cuillères à soupe de purée de tamarin
- 2 cuillères à soupe de sauce de poisson
- 1 cuillère à soupe de sucre
- 100g de fèves germées
- 2 tomates, hachées
- Petite poignée de basilic thaï
- Petite poignée de coriandre fraîche
- 1 citron vert, en quartiers

MÉTHODE

1. Couper le poisson en morceaux de la taille d'une bouchée et mélanger avec du sel et du poivre. Mettre les nouilles dans un bol, verser sur l'eau bouillante pour couvrir et laisser reposer 4 minutes, puis égoutter.

2. Couper la citronnelle à l'intérieur, partie blanche tendre et trancher finement. Mettre le bouillon, l'échalote, le piment, le tamarin et la citronnelle dans une casserole. Porter à ébullition à feu moyen-vif, puis laisser mijoter 10 minutes à feu moyen.

3. Incorporer le poisson, la sauce de poisson et le sucre. Laisser mijoter à feu moyen-vif, couvert, pendant 5 minutes. Ajouter les pousses, les nouilles et les tomates. Laisser mijoter 1 minute ou jusqu'à ce qu'il soit chaud.

4. Répartir dans des bols chauds. Parsemer d'herbes et servir avec des quartiers de lime.

Poisson au paprika sans gluten avec taboulé de brocoli

Préparation : 35 min / Cuisson : 10 min / Portions : 4

INGREDIENTS

- 3 ccs de paprika doux
- 1 cuillère à soupe de zeste de citron finement râpé
- 1/2 tasse de jus de citron
- 1/4 tasse d'huile d'olive extra vierge, plus un peu plus pour le graissage
- 2 cuillères à café de graines de cumin
- 4 x 150g de filets de poisson blanc ferme sans peau et sans arêtes
- Quartiers de citron, pour servir

Taboulé de brocoli

- 1/2 bouquet de persil plat frais
- 1 tête (350g) de brocoli, râpé grossièrement
- 400g de pois chiches en boîte, égouttés, rincés
- 200 g de tomates raisins, coupées en rondelles
- 1 petit poivron vert, haché finement
- 2 oignons verts, tranchés finement
- 1/2 tasse d'amandes grillées à sec sans gluten, hachées finement

MÉTHODE

1. Mélanger le paprika, le zeste de citron, le jus de citron et l'huile dans un petit pichet. Assaisonnez avec du sel et du poivre. Transférer 2 cuillères à soupe de mélange dans un plat en verre ou en céramique. Ajouter les graines de cumin. Remuer pour combiner. Réserver le reste du mélange de paprika dans le pichet.

2. Ajouter le poisson au mélange de cumin dans le plat. Tournez pour enrober. Couverture. Réfrigérer 15 minutes pour permettre aux saveurs de se développer.

3. Chauffer une grande poêle antiadhésive graissée à feu moyen-vif. Cuire le poisson de 3 à 4 minutes de chaque côté ou jusqu'à ce qu'il soit doré et à peine cuit.

4. Pendant ce temps, préparez le taboulé de brocoli : hachez finement les tiges de persil et hachez grossièrement les feuilles. Mettre le brocoli, le persil, les pois chiches, la tomate, le poivron, l'oignon et les amandes dans un grand bol. Mélanger pour combiner. Ajouter le mélange de paprika réservé. Mélanger pour combiner.

5. Répartir le taboulé dans les assiettes de service. Garnir de poisson. Servir avec des quartiers de citron.

Poisson grillé avec salade de tomates et olives

Préparation : 15 min / Cuisson : 10 min / Portions : 4

INGREDIENTS

- 1 cuillère à café de zeste de citron finement râpé
- 1 gousse d'ail, écrasée
- 2 cuillères à soupe d'huile d'olive
- Spray d'huile d'olive
- 4 x 200g de filets de poisson blanc ferme
- 2 cuillères à soupe de jus de citron
- 3 tomates rom, coupées en tranches épaisses
- 3/4 tasse d'olives Kalamata dénoyautées
- 1/2 oignon rouge, tranché finement
- 1/4 tasse de petites feuilles de basilic frais
- Risoni cuit, pour servir

MÉTHODE

1. Mélanger le zeste de citron, l'ail et la moitié de l'huile dans un plat en verre ou en céramique peu profond. Assaisonnez avec du sel et du poivre. Ajouter les filets de poisson. Tourner pour enrober uniformément.

2. Vaporiser une plaque de barbecue avec de l'huile. Chauffer à feu moyen-élevé. Cuire le poisson de 3 à 4 minutes de chaque côté ou jusqu'à ce qu'il soit bien cuit.

3. Pendant ce temps, mélanger la moitié du jus de citron avec le reste de l'huile dans une petite cruche. Assaisonnez avec du sel et du poivre. Disposer la tomate, les olives, l'oignon et le basilic sur des assiettes de service. Arroser de vinaigrette. Arroser le poisson du jus de citron restant. Servir la salade avec du poisson et des risonis.

Merlan grillé avec salade de haricots méditerranéens

Préparation : 15 min / Cuisson : 10 min / Portions : 4

INGREDIENTS

- 400 g de haricots mélangés, rincés, égouttés
- 400 g de haricots cannellini en boîte, rincés, égouttés
- 3 branches de céleri, coupées en deux dans le sens de la longueur, tranchées finement
- 1/2 tasse de feuilles de persil plat hachées
- 1/2 oignon rouge, haché finement
- 1 cuillère à soupe de vinaigre de vin rouge
- 1 1/2 cuillère à soupe d'huile d'olive
- 8 (environ 80g chacun) filets de merlan, sans peau
- 1 cuillère à café de flocons de piment séché
- Quartiers de citron, pour servir

MÉTHODE

1. Combinez le mixte et haricots cannellini, céleri, persil, oignon, vinaigre et 1 cuillère à soupe d'huile dans un grand bol. Assaisonner de sel et de poivre, puis réserver.

2. Saupoudrer le merlan de flocons de piment et assaisonner de sel marin. Faites chauffer la 1/2 cuillère à soupe d'huile d'olive restante dans une grande poêle antiadhésive à feu moyen-vif et faites cuire le merlan, en 2 lots, pendant environ 1 1/2 minute de chaque côté ou jusqu'à ce qu'il soit bien cuit.

3. Répartir le poisson dans 4 assiettes. Servir avec la salade de haricots et des quartiers de citron.

Poisson au citron avec haricots sautés et tomates

Préparation : 25 min / Cuisson : 10 min / Portions : 4

INGREDIENTS

- 4 (150g chacun) filets de poisson blanc (comme le merlu), avec la peau
- 1 citron, zeste finement râpé, pressé
- 2 ccs d'huile d'olive
- 250 g de haricots verts, parés
- 250 g de tomates cerise coupées en deux
- 1 gousse d'ail, écrasée
- 150 g de pousses d'épinards
- 2 cuillères à soupe de vinaigre de vin rouge
- 8 tranches de pain complet, pour servir

MÉTHODE

1. Placer le poisson dans un plat en céramique peu profond. Mettre le zeste de citron, 2 cuillères à soupe de jus de citron et 1 cuillère à café d'huile dans un petit pichet. Fouetter pour combiner. Assaisonner de poivre. Verser le mélange de citron sur le poisson et retourner pour enrober. Couverture. Laisser reposer 10 minutes.

2. Préchauffer le gril à feu moyen. Tapisser une plaque à griller de papier d'aluminium. Chauffer le reste de l'huile dans une grande poêle antiadhésive à feu moyen-vif. Ajouter les haricots à la poêle. Cuire, en remuant souvent, pendant 2 à 3 minutes ou jusqu'à ce qu'il soit vert vif. Ajouter les tomates et l'ail. Cuire 1 à 2 minutes ou jusqu'à ce que les tomates ramollissent. Ajouter les épinards et le vinaigre. Remuer jusqu'à ce que les épinards commencent tout juste à flétrir.

3. Pendant ce temps, placez le poisson sur la plaque du gril. Cuire 4 à 5 minutes (selon l'épaisseur) ou jusqu'à ce qu'il soit juste cuit.

4. Répartir le mélange de haricots dans les assiettes de service. Garnir de poisson. Assaisonner de poivre noir concassé. Servir avec du pain.

Crevettes sautées épicées à faible IG avec nouilles de riz

Préparation : 20 min / Cuisson : 10 min / Portions : 4

INGREDIENTS

- 1 cuillère à soupe d'huile d'arachide
- 1 long piment vert, épépiné, haché finement
- morceau de 7 cm de gingembre frais, pelé, râpé
- 2 gousses d'ail, écrasées
- 20 (500g) crevettes vertes, décortiquées (queues intactes), déveinées
- 3 oignons verts coupés en tronçons de 5 cm
- Botte (200g) baby Pak choy, feuilles et tiges séparées, tiges hachées
- 150 g de haricots verts, parés, coupés en deux en diagonale
- 450g de nouilles de riz fraîches
- 1/4 tasse de sauce soja
- 2 cuillères à soupe de mirin

MÉTHODE

1. Faites chauffer un wok à feu vif. Ajouter la moitié de l'huile. Agiter pour enrober. Ajouter le piment, le gingembre, l'ail et les crevettes. Faire sauter pendant 2 minutes ou jusqu'à ce que les crevettes soient roses et bien cuites. Transférer dans un bol. Couvrir pour garder au chaud.

2. Faire chauffer le reste de l'huile dans le wok. Ajouter l'oignon, les tiges de Pak choy et les haricots. Faire sauter pendant 4 minutes ou jusqu'à ce que les haricots soient justes tendres. Remettre les crevettes dans le wok. Ajouter les nouilles, la sauce soja, le mirin et les feuilles de Pak choy. Faire sauter pendant 1 à 2 minutes ou jusqu'à ce que le tout soit chaud. Servir.

Chapitre 6

Recettes

De poulet

Poulet grillé avec orange, asperges et haricots

Préparation : 10 min / Cuisson : 10 min / Portions : 4

INGREDIENTS

- 2 gros (environ 500g) filets de poitrine de poulet simples
- 1 cuillère à café de cannelle moulue
- 80 ml (1/3 tasse) de jus d'orange frais
- 2 cuillères à café de miel
- 2 ccs d'huile d'olive
- 2 bottes d'asperges, extrémités ligneuses parées, coupées en deux en diagonale
- 150 g de petits haricots verts, garnis
- 2 ccs de vinaigre de vin blanc
- 1 boîte de 400 g de haricots beurre, rincés, égouttés
- 1 orange, segmentée
- 1/3 tasse de feuilles de persil continental frais

METHODE

1. Placer le poulet dans un plat en verre. Mélanger la cannelle et la moitié du jus d'orange, le miel et l'huile dans un pichet. Verser sur le poulet et retourner pour enrober. Couvrir et placer au réfrigérateur pendant 15 minutes pour mariner.

2. Cuire les asperges et les haricots verts dans une casserole d'eau bouillante légèrement salée pendant 2 minutes ou jusqu'à ce qu'ils soient d'un vert vif et croustillants. Rafraîchir sous l'eau froide courante. Égoutter.

3. Préchauffer un grill à feu vif. Ajouter le poulet et cuire 3 à 4 minutes de chaque côté ou jusqu'à ce qu'il soit juste cuit. Transférer dans une assiette et laisser refroidir 5 minutes. Trancher finement dans le sens du grain.

4. Pendant ce temps, fouettez le vinaigre et le jus d'orange restant, le miel et l'huile dans un pichet. Goûtez et assaisonnez de poivre.

5. Placez les asperges, les haricots verts, les haricots beurre, l'orange et le persil dans un bol et mélangez. Répartir la salade dans les assiettes de service. Garnir de poulet et arroser de vinaigrette pour servir.

Poulet marocain grillé avec salade de carottes rôties et pois chiches

Préparation : 25 min / Cuisson : 24 min / Portions : 4

INGREDIENTS

- 2 bouquets de mini carottes (hollandaises), parées, lavées
- 1 1/2 cuillère à soupe d'huile d'olive
- 4 filets de poitrine de poulet sans peau de 170 g
- 1 cuillère à soupe de sumac (voir note)
- 2 cuillères à soupe de vinaigre de vin blanc
- 1 gousse d'ail, écrasée
- 1 cuillère à café de miel
- 2 boîtes de 400g de pois chiches, rincés, égouttés
- 1/2 tasse (80 g) de graines de tournesol, grillées
- 1 tasse de feuilles de persil plat

METHODE

1. Préchauffer le four à 180°C. Répartir les carottes sur une plaque allant au four en une seule couche. Assaisonner, puis arroser d'1 cuillère à soupe d'huile et de 2 cuillères à soupe d'eau. Rôtir pendant 10-12 minutes jusqu'à ce que les carottes ramollissent légèrement.

2. Pendant ce temps, huiler légèrement une poêle avec le reste d'huile d'olive. Chauffer à feu moyen-élevé. Assaisonner le poulet avec du sel de mer et du poivre noir fraîchement moulu et frotter avec le sumac. Cuire 3-4 minutes de chaque côté jusqu'à ce qu'ils soient dorés.

3. Sortez la plaque du four, retournez les carottes puis placez le poulet dessus. Rôtir encore 10 à 12 minutes jusqu'à ce que le poulet soit bien cuit.

4. Mélanger le vinaigre, l'ail et le miel dans un grand bol. Assaisonner, puis ajouter les pois chiches, les graines de tournesol, le persil et les carottes et mélanger pour combiner. Répartir la salade dans les assiettes, puis garnir de poulet.

Brochettes de poulet et artichauts avec salade de pois chiches

Préparation : 40 min / Cuisson : 10 min / Portions : 4

INGREDIENTS

- 600 g de filets de cuisse de poulet, parés
- Pot de 340g de cœurs d'artichauts marinés
- 24 (350g) petits champignons de Paris
- 1/2 tasse de jus de citron
- 2 boîtes de 240g de pois chiches, égouttés, rincés
- 1/2 tasse de feuilles de persil plat frais, hachées grossièrement

MÉTHODE

1. Couper le poulet en cubes de 2 cm. Placer dans un grand bol. Égoutter les artichauts en réservant 2 cuillères à soupe de marinade. Ajouter les artichauts, les champignons et 1/4 tasse de jus de citron au poulet. Mélanger pour enrober.

2. Enfiler le poulet, les champignons et l'artichaut en alternance sur des brochettes.

3. Chauffer une plaque de barbecue graissée ou un grill à feu moyen. Ajouter des brochettes. Cuire en tournant de 8 à 10 minutes ou jusqu'à ce que le poulet soit doré et bien cuit. Transférer dans une assiette. Couvrir de papier d'aluminium. Reposez-vous 5 minutes.

4. Mettre les pois chiches, le persil, la marinade réservée et le jus de citron restant dans un bol. Assaisonnez avec du sel et du poivre. Mélanger pour combiner. Servir les brochettes avec la salade de pois chiches.

Salade de pita au poulet et bacon

Préparation : 15 min / Cuisson : 15 min / Portions : 4

INGREDIENTS

- Aérosol de cuisson à l'huile d'olive
- 2 filets de poitrine de poulet simples
- 2 pochettes de pain pita complet
- 125g de bacon Weight Watchers
- 1 laitue cos, feuilles extérieures enlevées, feuilles séparées
- 8 filets d'anchois
- 4 œufs, durs, pelés et coupés en quartiers
- Pansement
- 2/3 tasse (180 g) de yaourt nature sans gras
- 2 cuillères à soupe de babeurre
- 1 gousse d'ail, écrasée
- 1 cc de moutarde de Dijon Maille
- 2 cuillères à café de jus de citron frais
- Éclaboussure de sauce Worcestershire

MÉTHODE

1. Vaporiser une poêle antiadhésive d'huile. Chauffer à feu moyen et cuire le poulet pendant 10-12 minutes jusqu'à ce qu'il soit bien cuit.
2. Pendant ce temps, préchauffer un gril à feu vif. Faire griller les poches de pita sous le gril jusqu'à ce qu'elles soient croustillantes. Cuire le bacon sous le grill jusqu'à ce qu'il soit doré. Déchirez la pita et le bacon en morceaux grossiers. Couper le poulet en tranches en diagonale.
3. Fouetter les ingrédients de la vinaigrette jusqu'à ce qu'ils soient bien mélangés.
4. Déchirez les grandes feuilles de laitue en morceaux grossiers. Mélanger la laitue, le pain pita, le bacon et le poulet dans un grand bol. Ajouter la moitié de la vinaigrette. Remuer légèrement pour enrober. Répartir dans les assiettes de service. Garnir des filets d'anchois, de l'œuf et arroser du reste de la vinaigrette.

Soupe de poulet et d'orge

__Préparation : 20 min / Cuisson : 50 min / Portions : 4__

INGREDIENTS

- 1 poulet rôti
- 1 cuillère à soupe d'huile d'olive
- 1 poireau, paré, coupé en deux, lavé, haché
- 1 grosse carotte, pelée, hachée
- 2 branches de céleri, hachées
- 1 litre de bouillon de volaille style Massel
- 3 tasses d'eau froide
- 1/2 tasse d'orge perlée, rincé
- 1 cuillère à soupe de feuilles de persil plat frais hachées

MÉTHODE

1. Retirer et jeter la peau et les os du poulet. Déchiqueter la viande.
2. Chauffer l'huile dans une casserole à feu moyen-élevé. Ajouter le poireau, la carotte et le céleri. Cuire, en remuant, pendant 5 minutes ou jusqu'à ce que le poireau soit tendre. Ajouter le bouillon et 3 tasses d'eau froide. Porter à ébullition. Ajouter de l'orge. Réduire le feu à doux. Laisser mijoter, partiellement couvert, en écumant la surface, pendant 25 à 30 minutes ou jusqu'à ce que les légumes et l'orge soient tendres.
3. Ajouter le poulet. Cuire pendant 10 minutes ou jusqu'à ce que le poulet soit bien chaud. Incorporer le persil. Assaisonnez avec du sel et du poivre. Servir.

Salade taboulé poulet et pois chiches

Préparation : 15 min / Cuisson : 10 min / Portions : 4

INGREDIENTS

- 90g (1/2 tasse) de boulgour
- 250 ml (1 tasse) d'eau bouillante
- 2 ccs d'huile d'olive
- 3 (environ 600 g) filets de poitrine de poulet simples, excédent de gras paré
- 1 boîte de 400g de pois chiches, rincés, égouttés
- 1 bouquet de menthe fraîche, feuilles cueillies, hachées grossièrement
- 1 bouquet de persil continental frais, feuilles cueillies, hachées grossièrement
- 3 tomates mûres, hachées grossièrement
- 4 échalotes vertes, extrémités parées, tranchées finement
- 125 ml (1/2 tasse) de jus de citron frais
- Pain libanais, pour servir

MÉTHODE

1. Placer le bourgeois dans un bol résistant à la chaleur. Verser sur l'eau bouillante et laisser reposer pendant 12 minutes ou jusqu'à ce qu'elle soit tendre. Égoutter et transférer dans un grand bol.

2. Pendant ce temps, faire chauffer l'huile dans une poêle antiadhésive à feu moyen-vif. Ajouter le poulet et cuire 4 à 5 minutes de chaque côté ou jusqu'à ce qu'il soit cuit. Trancher épaisse.

3. Ajouter le poulet, les pois chiches, la menthe, le persil, la tomate et l'échalote au boulgour et mélanger. Ajouter le jus de citron et assaisonner de sel et de poivre. Mélanger pour combiner. Disposer sur un plat de service et servir avec du pain libanais

Colis de poulet et choy sum

__Préparation : 15 min / Cuisson : 25 min / Portions : 4__

INGREDIENTS

- 150g de vermicelles de riz frais
- 4 filets de poitrine de poulet
- 1 cuillère à soupe de sauce pour sauter de basilic et piment doux
- 1/2 botte de choy sum, feuilles hachées, tiges râpées
- Morceau de 3 cm de gingembre frais, pelé, coupé en fines tranches
- 1 carotte, coupée en fins bâtonnets
- 1/3 tasse de bouillon liquide de style poulet à teneur réduite en sel Massel
- 1 citron vert, coupé en quartiers, pour servir

MÉTHODE

1. Préchauffer le four à 180°C. Cuire les nouilles dans une casserole d'eau bouillante pendant 2 à 3 minutes. Égoutter. Couper 4 morceaux de papier sulfurisé assez grands pour enfermer les filets.

2. Placer un quart des nouilles près d'une extrémité de chaque morceau de papier sulfurisé. Garnir chaque pile de nouilles d'un filet de poulet, d'une sauce pour sauter et de feuilles de choy sum.

3. Mélanger le gingembre, les carottes et les tiges de choy sum, puis déposer sur le poulet. Verser 1 cuillère à soupe de bouillon sur chaque pile. Envelopper le papier cuisson pour enfermer la garniture. Déposer sur une plaque allant au four et cuire 15 à 20 minutes.

4. Servir avec un quartier de citron vert.

Pâtes tapenade poulet et olives vertes

Préparation : 10 min / Cuisson : 12 min / Portions : 4

INGREDIENTS

- 1 tasse d'olives vertes farcies au piment
- 2 cuillères à soupe d'amandes effilées, grillées
- 4 filets d'anchois, bien égouttés, hachés grossièrement
- 1 cuillère à soupe de câpres égouttées, rincées
- 2 gousses d'ail, hachées grossièrement
- 1 cuillère à café de zeste de citron finement râpé
- 1/4 tasse de feuilles de persil plat frais
- 1/4 tasse d'huile d'olive extra vierge
- 2 cuillères à soupe de jus de citron
- 375g de linguines
- 250 g de tomates cerise coupées en deux
- 400g de poulet cuit tranché
- Feuilles de persil plat frais, pour servir

MÉTHODE

1. Placer les olives, amandes, anchois, câpres, ail, zeste de citron et persil dans un robot culinaire. Traiter jusqu'à ce qu'il soit finement haché. Pendant que le moteur fonctionne, ajoutez de l'huile en un jet lent et régulier. Traiter jusqu'à ce que le tout soit bien mélangé. Transférer la tapenade dans un bol. Ajouter le jus de citron. Assaisonner de poivre. Remuer pour combiner.

2. Pendant ce temps, cuire les pâtes dans une grande casserole d'eau bouillante en suivant les instructions du paquet jusqu'à ce qu'elles soient tendres. Égoutter en réservant 1/3 tasse de liquide de cuisson. Remettre les pâtes dans la poêle.

3. Ajouter la tapenade, la tomate, le poulet et le liquide de cuisson réservé aux pâtes. Cuire en remuant à feu doux pendant 2 minutes ou jusqu'à ce que le tout soit mélangé. Servir saupoudré de persil.

Soupe poulet et lentilles

Préparation : 10 min / Cuisson : 45 min / Portions : 4

INGREDIENTS

- 2 cuillères à soupe d'huile d'olive
- 1 oignon, émincé finement
- 2 gousses d'ail, hachées finement
- 1 gros piment rouge, épépiné et haché finement
- 2 filets de poitrine de poulet (185 g chacun), coupés en cubes de 1 cm
- 1 cuillère à café de curcuma moulu
- 2 cuillères à café de cumin moulu
- 1 tomate mûrie sur pied, coupée en dés
- 1/2 tasse de lentilles brunes
- 2 cuillères à soupe d'orge perlée
- 5 tasses (1,25 litre) de bouillon liquide stylent poulet Massel
- Sel et poivre noir fraîchement moulu
- Jus de 1 citron vert
- 3 cuillères à soupe de yaourt nature épais
- 1/2 tasse de feuilles de coriandre fraîche

MÉTHODE

1. Faire chauffer l'huile d'olive dans une grande casserole à feu modéré. Cuire l'oignon, l'ail et le piment pendant 4 à 5 minutes ou jusqu'à ce qu'ils soient tendres. Ajouter le poulet et remuer sur le feu pour saisir. Ajouter le curcuma et le cumin et cuire encore une minute.

2. Ajouter la tomate, les lentilles, l'orge perlé et le bouillon dans la casserole et porter à ébullition. Réduire le feu à modéré et laisser mijoter pendant 30 minutes ou jusqu'à ce que les lentilles soient cuites. Assaisonner la soupe au goût avec du sel et du poivre. Incorporer le jus de citron vert. Servir avec une cuillerée de yaourt et de la coriandre fraîche.

Salade de poulet et nouilles avec vinaigrette sucrée au soja

Préparation : 25 min / Portions : 6

INGREDIENTS

- 800g de nouilles hokkien sans matières grasses à 98%
- 2 cuillères à café de poudre de bouillon de volaille style Massel
- 1 (environ 200g) grosse carotte, pelée, coupée en allumettes
- 2 branches de céleri, les extrémités parées, coupées en allumettes
- 1/2 botte de menthe fraîche, feuilles cueillies
- 1 bouquet de ciboulette fraîche, hachée grossièrement
- 100 g de pousses combinées croustillantes
- 1/2 poulet rôti, peau et os jetés, viande râpée
- 40 g de gingembre mariné, égoutté
- 2 cuillères à soupe de tamari (sauce soja sans blé)
- 1 1/2 cuillère à soupe de vinaigre de vin de riz
- 2 cuillères à café d'huile de sésame
- 2-3 cuillères à café de miel

MÉTHODE

1. Placer les nouilles dans un bol résistant à la chaleur. Saupoudrer de poudre de bouillon. Couvrir d'eau bouillante et laisser tremper 2 minutes. Ajouter la carotte et le céleri et réserver encore 1 minute ou jusqu'à ce qu'ils soient tendres. Rafraîchir sous l'eau froide. Égoutter et remettre dans le bol. Ajouter la menthe, la ciboulette, les choux, le poulet et le gingembre et mélanger.

2. Fouetter ensemble le tamari, le vinaigre, l'huile et le miel dans une cruche. Arroser la salade et mélanger pour combiner. Servir.

Pilaf poulet et pistaches

__Préparation : 20 min / Cuisson : 17 min / Portions : 4__

INGREDIENTS

- 2 cuillères à soupe d'huile d'olive
- 4 petits filets de poitrine de poulet (environ 180 g chacun), chacun coupé en 6 morceaux
- 1 gros oignon rouge, tranché finement
- 2 gousses d'ail, écrasées
- 1 tasse (200g) de riz basmati, rincé, bien égoutté
- 1 cuillère à soupe de coriandre moulue
- 2 petites plumes de cannelle, coupées en deux
- 2 tasses (500 ml) de bouillon liquide de style poulet à teneur réduite en sel Massel
- 3 c. à soupe (1/4 tasse) de pistaches décortiquées, hachées grossièrement
- 3/4 tasse de persil plat haché grossièrement

MÉTHODE

1. Faites chauffer 1 cuillère à soupe d'huile dans une grande poêle à fond épais ou une cocotte antidéflagrante à feu moyen-vif. Cuire le poulet, en remuart, pendant 2 minutes ou jusqu'à ce qu'il soit doré, puis réserver.

2. Ajouter 1 cuillère à soupe d'huile restante dans la poêle et cuire l'oignon et l'ail, en remuant, pendant 3 minutes ou jusqu'à ce qu'ils ramollissent. Ajouter le riz et les épices, en remuant pour enrober le mélange d'oignons. Ajouter le bouillon et 1/4 tasse (60 ml) d'eau et porter à ébullition. Réduire le feu à doux, incorporer le poulet et cuire, à couvert, pendant 12 minutes ou jusqu'à ce que le riz soit tendre. Faire gonfler le riz avec une fourchette pour séparer les grains, puis retirer du feu et laisser reposer, à couvert, pendant 5 minutes. Ajoutez 2 cuillères à soupe de pistaches et 1/2 tasse de persil, puis assaisonnez et mélangez.

3. Servir aussitôt saupoudré du reste de pistaches et de persil.

Sauté de poulet et citrouille

Préparation : 20 min / Cuisson : 20 min / Portions : 4

INGREDIENTS

- 450 g de courge butternut, pelée, épépinée
- 350 g de brocoli, coupé en bouquets
- 200 g de pois mange-tout, coupés en deux en diagonale
- Spray d'huile d'olive
- 2 (environ 500g) filets de poitrine de poulet simples, tranchés finement
- 1 cuillère à soupe de gingembre frais finement râpé
- 2 gousses d'ail, tranchées finement
- 60 ml (1/4 tasse) de sauce
- 60 ml (1/4 tasse) de sauce chili douce
- 2 cuillères à soupe de vinaigre de vin de riz
- 1 cuillère à soupe de sucre roux
- 1/2 tasse de feuilles de coriandre fraîche
- Riz vapeur, pour servir

MÉTHODE

1. Cuire le brocoli dans une casserole d'eau bouillante pendant 2-3 minutes. Ajouter les pois mange-tout et cuire 1 minute. Utilisez une cuillère trouée pour transférer dans un bol d'eau glacée pour rafraîchir. Égoutter. Ajouter le potiron dans la casserole et cuire 5 minutes. Transférer dans de l'eau glacée pour rafraîchir. Égoutter.

2. Vaporiser un wok d'huile d'olive en spray. Placer sur feu vif. Ajouter le poulet et faire sauter pendant 3-4 minutes. Transférer dans une assiette. Ajouter le gingembre, l'ail et les légumes et faire sauter pendant 1 minute. Remettre le poulet dans la poêle avec la sauce hoisin, la sauce au piment doux, le vinaigre et le sucre. Porter à ébullition et cuire 2-3 minutes. Incorporer la coriandre.

3. Répartir le riz dans des bols de service. Garnir de sauté de poulet pour servir.

Biryani (poulet et légumes)

Préparation : 20 min / Cuisson : 50 min / Portions : 5

INGREDIENTS

- 2 cuillères à soupe d'huile d'olive extra vierge
- 6 (650g) filets de cuisse de poulet, coupés en deux
- 2 oignons bruns, coupés en deux, tranchés finement
- 3 gousses d'ail, écrasées
- morceau de 4 cm de gingembre frais, finement râpé
- 2 cuillères à café de garam massala
- Pincée de fils de safran
- 1 long piment rouge, tranché finement
- 1 1/2 tasse de riz basmati
- 2 1/2 tasses de bouillon liquide de style poulet à teneur réduite en sel Massel
- 1 courgette, grossièrement râpée
- 1 carotte grossièrement râpée
- 1/2 tasse de pois surgelés
- 1/4 tasse de noix de cajou grillées
- Feuilles de menthe fraîche, pour servir
- Quartiers de citron, pour servir

MÉTHODE

1. Préchauffer le four à 200C/180C chaleur tournante. Faire chauffer 1/2 de l' huile dans un grand plat de cuisson rond antidéflagrant de 10 cm de profondeur et 24 cm à feu moyen-vif. Cuire le poulet de 3 à 4 minutes de chaque côté ou jusqu'à ce qu'il soit doré. Transférer dans une assiette. Mettre de côté.

2. Chauffer le reste de l'huile dans le plat à feu moyen. Ajouter l'oignon. Cuire 10 minutes ou jusqu'à caramélisation. Ajouter l'ail, le gingembre, le garam masala, le safran, le piment et le riz. Cuire 1 minute ou jusqu'à ce qu'il soit parfumé. Ajouter le bouillon, les courgettes et les carottes. Assaisonnez avec du sel et du poivre. Porter à ébullition. Retirer du feu. Couvrir soigneusement le plat avec du papier d'aluminium.

3. Cuire au four pendant 20 minutes ou jusqu'à ce que le bouillon soit presque absorbé. Découvrir le plat. Parsemer de petits pois et garnir de poulet. Couvrir de papier d'aluminium et cuire encore 8 à 10 minutes ou jusqu'à ce que le riz et les légumes soient tendres et que le poulet soit bien cuit. Saupoudrer de noix de cajou et de menthe. Servir avec des quartiers de citron.

Casserole de poulet et légumes

Préparation : 15 min / Cuisson : 52 min / Portions : 8

INGREDIENTS

- 1/4 tasse de farine ordinaire
- 8 filets de cuisse de poulet sans peau Steggles, parés, coupés en deux
- Aérosol de cuisson à l'huile d'olive
- 1 poireau moyen, paré, coupé en deux, lavé, haché grossièrement
- 3 tasses de bouillon liquide de style poulet à teneur réduite en sel Massel
- 2 carottes moyennes, pelées, hachées
- 1 navet moyen, paré, pelé, haché
- 600 g de pommes de terre Nicola, pelées, hachées
- 3 brins de thym frais
- 3 feuilles de laurier séchées
- 1 tasse de vin blanc sec
- 75g de pousses d'épinards

MÉTHODE

1. Mettre la farine et le poulet dans un bol. Mélanger pour enrober. Retirer le poulet du bol en secouant l'excès de farine. Vaporiser une casserole à fond épais avec de l'huile. Chauffer à feu moyen-élevé. Cuire le poulet, par lots, pendant 4 minutes de chaque côté ou jusqu'à ce qu'il soit doré. Transférer dans une assiette.

2. Ajouter le poireau et 1/2 tasse de bouillon dans la poêle. Cuire de 3 à 4 minutes ou jusqu'à ce qu'ils ramollissent. Ajouter le poulet, la carotte, le navet, la pomme de terre, le thym, les feuilles de laurier, le vin et le reste du bouillon. Couverture. Porter à ébullition. Réduire le feu à moyen-doux. Laisser mijoter pendant 30 minutes ou jusqu'à ce que le poulet soit bien cuit et que les légumes soient tendres. Retirer et jeter les feuilles de laurier. Incorporer les épinards. Assaisonner de poivre. Servir.

Plateau de poulet Cacciatore au four

Préparation : 10 min / Cuisson : 1h 20 min / Portions : 4

INGREDIENTS

- 8 (2kg) belles cuisses de poulet
- 6 échalotes, pelées, coupées en deux
- 1 gousse d'ail, hachée finement
- 2 boîtes de 400g de tomates concassées à l'origan et au basilic
- 1 tasse de bouillon liquide style poulet Massel
- 1/4 tasse d'olives Kalamata tranchées
- 1 cuillère à soupe d'origan frais haché
- Cuit les pâtes, pour servir
- Haricots verts vapeur, pour servir

MÉTHODE

1. Préchauffer le four à 200°C/180°C chaleur tournante. Placer le poulet dans un grand plat allant au four. Ajouter les échalotes, l'ail, la tomate et le bouillon. Assaisonnez avec du sel et du poivre.

2. Cuire 30 minutes. Retourner le poulet. Cuire 30 minutes. Ajouter les olives et l'origan. Cuire de 15 à 20 minutes ou jusqu'à ce que le poulet soit tendre et que la sauce ait épaissi.

3. Servir le poulet avec des pâtes et des haricots

Sandwichs à la salade de chou au poulet

__Préparation : 10 min / fait 2 sandwichs__

INGREDIENTS

- 1/2 tasse de chou finement râpé
- 1 petite carotte, râpée
- 1 oignon vert, tranché finement
- 2 cuillères à soupe de mayonnaise
- 1 cc de jus de citron
- 4 petites feuilles de laitue cos
- 4 tranches de pain complet, beurrées
- 60g de poulet émincé

MÉTHODE

1. Mélanger le chou, la carotte et l'oignon dans un grand bol. Ajouter la mayonnaise, le jus, le sel et le poivre. Mélanger pour combiner.

2. Disposer 2 feuilles de laitue sur 2 tranches de pain. Garnir de poulet et de salade de chou. Garnir chaque sandwich d'une autre feuille de laitue, puis du reste du pain. Couper en deux et envelopper hermétiquement dans une pellicule plastique.

Paëlla au poulet

Préparation : 15 min / Cuisson : 35 min / Portions : 4

INGREDIENTS

- 1 cuillère à soupe d'huile d'olive
- 1 oignon rouge, tranché
- 2 gousses d'ail, écrasées
- 400g de poulet haché
- 2 tomates, hachées
- 1 poivron rouge, épépiné, tranché
- 1 courgette, parée, tranchée
- 1 tasse de riz basmati, bien rincé
- 2 1/2 tasses de bouillon liquide de style poulet à teneur réduite en sel Massel
- 1/2 cuillère à café de fils de safran
- 1/2 cc de paprika doux
- 1 tasse de petits pois surgelés

MÉTHODE

1. Chauffer l'huile dans une grande casserole à fond épais à feu moyen-élevé. Ajouter l'oignon et l'ail. Cuire de 3 à 4 minutes ou jusqu'à ce qu'ils soient tendres. Ajouter le hachis. Cuire en remuant avec une cuillère en bois pendant 2 minutes.

2. Ajouter les tomates, les poivrons et les courgettes. Cuire 2 minutes. Incorporer le riz. Verser le bouillon. Ajouter le safran et le paprika et mélanger. Porter à ébullition. Couvrir et réduire le feu à doux. Laisser mijoter 15 à 20 minutes ou jusqu'à ce que le bouillon soit absorbé.

3. Retirer du feu et incorporer les petits pois. Couvrir et laisser reposer 5 minutes. Assaisonner de poivre. Servir.

Poulet avec sauce Puttanesca

Portions : 4

INGREDIENTS

- 4 x 180g Poitrines de poulet fermier Lilydale
- 2 cuillères à soupe d'huile d'olive
- 2 cuillères à café d'origan séché
- 1/4 cuillère à café de flocons de piment séché
- 500g de tomates cerise
- 3 filets d'anchois à l'huile, égouttés, hachés grossièrement
- 2 cuillères à soupe d'olives Kalamata dénoyautées
- 2 gousses d'ail, tranchées finement
- 2 cuillères à soupe de petites câpres salées, rincées, égouttées
- 2 cuillères à soupe de feuilles de persil plat, hachées
- 2 cuillères à soupe de parmesan râpé

MÉTHODE

1. Préchauffer le four à 220°C. Badigeonner le poulet d'1 cuillère à soupe d'huile et saupoudrer d'1 cuillère à café d'origan séché et d'une pincée de piment séché, puis assaisonner. Placer sur une plaque à pâtisserie et cuire au four pendant 30 minutes ou jusqu'à ce que le tout soit bien cuit. Reposez-vous, légèrement recouvert de papier d'aluminium, pendant 5 minutes.

2. Couper en deux 250 g de tomates. Placer toutes les tomates dans une petite casserole avec les anchois, les olives, l'ail, les câpres et 1 cuillère à soupe d'huile restante, 1 cuillère à café d'origan et le piment. Assaisonner, puis couvrir et cuire à feu moyen, en remuant de temps en temps, pendant 10 minutes ou jusqu'à ce que les tomates soient tendres. Incorporer la plupart du persil.

3. Pour servir, répartir la Puttanesca dans les assiettes, puis trancher le poulet et disposer dessus. Parsemer de parmesan et du reste de persil haché.

Ravioles de poulet à la sauce tomate crémeuse

Préparation : 10 min / Cuisson : 20 min / Portions : 4

INGREDIENTS

- 6 tomates œufs moyennes, hachées finement
- 1 cuillère à café de poudre de bouillon de volaille style Massel
- 1 gousse d'ail, écrasée
- 60 ml (1/4 tasse) d'eau
- 80 ml (1/3 tasse) de crème légère
- 1 cuillère à soupe de romarin frais haché
- 300g de poulet haché
- 2 échalotes vertes, extrémités parées, hachées finement
- 45 g (1/4 tasse) de noix, hachées finement
- 1 x emballages wonton de 290 g

MÉTHODE

1. Mélanger la tomate, la poudre de bouillon, l'ail et l'eau dans une petite casserole à feu moyen. Cuire en remuant de temps en temps pendant 10 à 15 minutes ou jusqu'à ce que la sauce épaississe. Ajouter la crème et le romarin et cuire pendant 3 minutes ou jusqu'à ce que le tout soit chaud.

2. Pendant ce temps, mélanger le poulet, l'échalote et les noix dans un bol moyen. Assaisonnez avec du sel et du poivre. Placer 1 emballage wonton sur une surface de travail propre. Placer 1 cuillère à café du mélange de poulet au centre de l'emballage. Badigeonner les bords avec un peu d'eau. Garnir d'un autre emballage wonton. Appuyez sur les bords ensemble pour sceller. Répéter avec les autres emballages wonton et le mélange de poulet.

3. Cuire la moitié des raviolis dans une grande casserole d'eau bouillante pendant 2-3 minutes ou jusqu'à ce qu'ils soient tendres. Utilisez une écumoire pour transférer les raviolis dans une assiette recouverte de papier absorbant pour les égoutter. Répétez avec les raviolis restants.

4. Répartir les raviolis dans des bols de service. Verser la sauce sur les raviolis et assaisonner de poivre. Sers immédiatement.

Salade taboulé au poulet

Préparation : 20 min / Portions : 4

INGREDIENTS

- 1/2 tasse de boulgour (blé concassé)
- 1 tasse d'eau bouillante
- 1 poulet grillé, peau et os jetés, viande râpée
- 100 g rôti rouge capsicum, en tranches fines
- 1 petit oignon rouge, coupé en deux, tranché finement
- 400g de pois chiches en boîte, égouttés, rincés
- 3 tasses de feuilles de persil plat, hachées
- 1 tasse de feuilles de menthe, hachées grossièrement
- 1/4 tasse d'huile d'olive extra vierge
- 2 citrons, pressés

MÉTHODE

1. Placer le boulgour dans un bol résistant à la chaleur et verser sur l'eau bouillante. Remuer pour combiner. Stand, découvert, pendant 10 minutes. Bien égoutter en pressant pour retirer le plus de liquide possible. Transférer le boulgour dans un grand bol.

2. Ajouter le poulet, le poivron, l'oignon, les pois chiches, le persil, la menthe, l'huile et 1/3 tasse de jus de citron au boulgour. Assaisonnez avec du sel et du poivre. Mélanger pour combiner. Répartir la salade dans des bols et servir.

Salade de poulet à l'orange et feta

Préparation : 15 min / Cuisson : 10 min / Portions : 4

INGREDIENTS

- 1 cuillère à soupe d'huile d'olive
- 1 piment oiseau, coupé en deux, épépiné, haché finement
- 2 gousses d'ail, écrasées
- Sel de mer et poivre fraîchement moulu
- 3 poitrines de poulet, coupées en deux horizontalement
- 1/4 tasse (60 ml) de jus d'orange frais
- 1/4 tasse de feuilles de persil continental frais, hachées finement
- 3 petites oranges, pelées, tranchées finement
- 120g de feuilles de laitue mélangées
- 1/4 tasse (40g) olives Kalamata
- 65g de feta, émiettée

MÉTHODE

1. Mélanger l'huile d'olive, piment et ail dans un bol en céramique ou en verre. Assaisonner de sel et de poivre. Ajouter le poulet et mélanger pour enrober. Couvrir et réfrigérer 20 minutes.

2. Faites chauffer une poêle antiadhésive à feu moyen-vif. Par lots, cuire le poulet pendant 2-3 minutes de chaque côté ou jusqu'à ce qu'il soit doré et cuit. Transférer dans une assiette et couvrir de papier d'aluminium pendant 2 minutes pour laisser reposer avant de trancher.

3. Remettre la casserole sur le feu et ajouter le jus d'orange. Laisser mijoter 1 à 2 minutes. Incorporer le persil.

4. Mélanger le poulet, l'orange, les feuilles de laitue mélangées, les olives et la feta dans un bol. Répartir dans les assiettes de service. Arroser de vinaigrette à l'orange pour servir.

Tajine de poulet, abricots et couscous perlé

Préparation : 15 min / Cuisson : 40 min / Portions : 4

INGREDIENTS

- 2 cuillères à soupe d'huile d'olive extra vierge
- 600 g de filets de cuisse de poulet coupés en morceaux de 3 cm
- 2 oignons bruns, tranchés finement
- 2 gousses d'ail, écrasées
- 1 gros piment vert, haché finement
- 1 cuillère à soupe de gingembre frais, râpé
- 2 cuillères à soupe de pâte d'assaisonnement marocaine
- 1 litre de bouillon de volaille à teneur réduite en sel Massel
- 15 abricots secs
- 1/2 x 350g olives vertes dénoyautées, égouttées
- 250 g de couscous perlé
- 1/4 tasse de feuilles de coriandre fraîche
- 1/3 tasse d'amandes effilées naturelles, légèrement grillées

MÉTHODE

1. Faire chauffer 1/2 de l'huile dans une grande casserole à fond épais à feu moyen. Cuire le poulet, par lots, de 2 à 3 minutes ou jusqu'à ce qu'il soit doré. Transférer dans une assiette.

2. Faire chauffer le reste de l'huile dans la poêle. Ajouter l'oignon. Cuire, en remuant, pendant 5 minutes ou jusqu'à ce qu'ils ramollissent. Ajouter l'ail, le piment et le gingembre. Cuire 1 minute ou jusqu'à ce qu'il soit parfumé. Ajouter la pâte d'assaisonnement. Cuire en remuant pendant 30 secondes.

3. Ajouter le bouillon, les abricots et les olives. Porter à ébullition. Remettre le poulet dans la poêle. Couvrir avec couvercle. Réduire le feu à doux. Laisser mijoter 20 minutes. Retirez le couvercle. Ajouter le couscous. Cuire à découvert pendant 10 minutes ou jusqu'à ce que le couscous soit tendre. Assaisonnez avec du sel et du poivre.

4. Servir le tajine parsemé de feuilles de coriandre et d'amandes effilées.

Salade de poulet, pois chiches et avocat

Préparation : 25 min / Cuisson : 10 min / Portions : 4

INGREDIENTS

- Aérosol de cuisson à l'huile d'olive
- 700 g de filets de poitrine de poulet, parés
- 1 1/2 cuillère à soupe de cumin moulu
- 400 g de pois chiches en boîte, rincés, égouttés
- 1 avocat moyen, coupé en deux, tranché finement
- 80g de jeunes pousses de roquette
- 1 petit oignon rouge, coupé en deux, tranché finement
- 12 feuilles de basilic, râpées
- 2 cuillères à soupe de jus de citron vert
- 1 gousse d'ail, écrasée

MÉTHODE

1. Préchauffer une plaque de barbecue ou un grill à feu moyen-vif. Placer le poulet dans un plat en verre. Vaporiser les deux côtés avec de l'huile. Saupoudrer ce cumin et retourner pour enrober. Assaisonnez avec du sel. Cuire de 4 à 5 minutes de chaque côté ou jusqu'à ce qu'ils soient dorés et bien cuits. Retirer dans une assiette. Couvrir de papier d'aluminium et laisser reposer 5 minutes. Couper dans le sens du grain en morceaux de 1 cm d'épaisseur.

2. Mettre les pois chiches, l'avocat, la roquette, l'oignon, le basilic et le poulet dans un bol. Assaisonner de poivre.

3. Mélanger le jus de citron vert et l'ail dans un pichet. Verser sur la salade. Mélanger pour combiner. Répartir la salade dans les assiettes. Servir.

Poulet chili aux asperges

Préparation : 15 min / Cuisson : 10 min / Portions : 4

INGREDIENTS

- 1/3 tasse de sauce aux huîtres
- 1/3 tasse de sauce chili douce
- 500g de nouilles de riz épaisses fraîches
- 2 cuillères à soupe d'huile d'arachide
- 600 g de filets de poitrine de poulet, parés, tranchés finement
- 2 bottes d'asperges, parées, coupées en longueurs de 5 cm
- 1 long piment rouge, épépiné, tranché finement dans le sens de la longueur
- 2 gousses d'ail, hachées finement
- 1 cc d'huile de sésame
- 1 bouquet de bébés Bok choy, parés, feuilles et tiges séparées, tranchés finement

MÉTHODE

1. Mélanger la sauce aux huîtres et la sauce au piment doux dans un pichet. Placer les nouilles dans un grand bol résistant à la chaleur. Couvrir d'eau bouillante. Rester debout pendant 1 minute. Égoutter. Séparer les nouilles et réserver.

2. Chauffer un wok à feu vif jusqu'à ce qu'il soit chaud. Ajouter 2 cuillères à café d'huile d'arachide et agiter pour enrober. Ajouter la moitié du poulet et faire sauter pendant 2 à 3 minutes ou jusqu'à ce qu'il soit juste cuit. Transférer dans une assiette. Répéter avec 2 cuillères à café d'huile d'arachide et le reste du poulet.

3. Ajouter le reste de l'huile d'arachide dans le wok. Ajouter les asperges, le piment, l'ail et l'huile de sésame. Faire sauter pendant 2 minutes. Ajouter les nouilles, les tiges de Bok choy, le poulet et les sauces combinées. Faire sauter pendant 1 minute ou jusqu'à ce que le tout soit chaud. Ajouter les feuilles de Bok choy. Faire sauter pendant 15 secondes ou jusqu'à ce que les feuilles flétrissent. Servir.

Poulet aigre-doux

Préparation : 20 min / Cuisson : 20 min / Portions : 4

INGREDIENTS

- 1/4 tasse de jus de citron vert
- 1 cuillère à soupe de sauce soja
- 2 cuillères à café de sucre en poudre
- 1 long piment rouge, finement haché
- 1 cuillère à soupe d'huile d'arachide
- 1 oignon brun, tranché finement
- 2 gousses d'ail, écrasées
- morceau de 2 cm de gingembre frais, pelé, finement râpé
- 600g de poulet haché
- 1 poivron vert, tranché finement
- 150 g de pois mange-tout, parés
- nouilles de riz épaisses fraîches, pour servir
- Feuilles de menthe fraîche, pour servir

MÉTHODE

1. Mélanger le jus de citron vert, sauce soja, sucre, piment et 1 cuillère à soupe d'eau froide dans un pichet.

2. Chauffer l'huile dans une casserole à feu moyen-élevé. Ajouter l'oignon. Cuire, en remuant, pendant 3 à 4 minutes ou jusqu'à ce qu'ils ramollissent. Ajouter l'ail et le gingembre. Cuire 1 minute. Ajouter le hachis. Cuire, en remuant avec une cuillère en bois pour briser le hachis, pendant 5 minutes ou jusqu'à ce qu'il soit doré.

3. Ajouter le poivron et les pois mange-tout. Cuire 5 minutes ou jusqu'à ce que le poulet soit bien cuit et que les légumes soient tendres. Ajouter le mélange de jus de lime. Cuire pendant 2 minutes ou jusqu'à ce que le tout soit chaud.

4. Verser le mélange de poulet sur les nouilles. Garnir de feuilles de menthe. Servir.

Poulet étagé, citron et risoni au four

Préparation : 12h 50 min / Cuisson : 50 min / Portions : 4

INGREDIENTS

- 4 gousses d'ail, écrasées
- 1 cuillère à café de cumin moulu
- 1 cc de paprika
- 1/2 cuillère à café de flocons de piment séché
- 2 cuillères à soupe de zeste de citron confit, haché finement
- 6 filets de cuisse de poulet, parés, coupés en deux
- 1/4 cuillère à café de fils de safran
- 3/4 tasse d'eau bouillante
- 1 cuillère à soupe d'huile d'olive extra vierge
- 2 oignons bruns, coupés en deux, tranchés finement
- 3/4 tasse de risoni séché
- 1 tasse de bouillon liquide de style poulet à teneur réduite en sel Massel
- 1/3 tasse d'olives vertes siciliennes dénoyautées, coupées en quartiers
- 1/4 tasse de feuilles de coriandre fraîche

MÉTHODE

1. Mélanger l'ail, cumin, paprika, piment et 1/2 du zeste de citron confit dans un grand bol en verre ou en céramique. Ajouter le poulet. Mélanger pour enrober. Couverture. Réfrigérer toute la nuit pour mariner, si le temps le permet.

2. Préchauffer le four à 180C/160C chaleur tournante. Mettre le safran et l'eau bouillante dans un petit bol résistant à la chaleur.

3. Chauffer l'huile dans une rôtissoire antidéflagrante de 6 cm de profondeur, 22 cm x 30 cm (base) à feu moyen-vif. Cuire le poulet, en le retournant, pendant 5 minutes ou jusqu'à ce qu'il soit entièrement doré. Transférer dans une assiette.

4. Réduire le feu à moyen. Ajouter l'oignon dans la poêle. Cuire, en remuant de temps en temps, pendant 10 minutes ou jusqu'à ce qu'ils soient ramollis et légèrement caramélisés. Ajouter le mélange de safran, le risoni et le bouillon. Assaisonnez avec du sel et du poivre. Remuer pour combiner. Disposer le poulet sur le mélange de risoni. Porter à ébullition. Couvrir la casserole avec un couvercle ou hermétiquement avec du papier d'aluminium pour empêcher la vapeur de s'échapper. Transférer délicatement le plat au four.

5. Cuire au four de 25 à 30 minutes ou jusqu'à ce que le bouillon soit absorbé et que le risoni soit tendre. Parsemer d'olives, de coriandre et du reste du zeste de citron confit. Servir.

Brochettes de poulet au citron et à l'ail avec salade de lentilles

Préparation : 50 min / Cuisson : 10 min / Portions : 4

INGREDIENTS

- 700 g de filets de cuisse de poulet, parés, coupés en morceaux de 3 cm
- 1 cuillère à soupe de zeste de citron finement râpé
- 2 cuillères à café de thym citron finement haché
- 2 gousses d'ail, écrasées
- 1/4 tasse d'huile d'olive
- 150 g de courge butternut, pelée, coupée en morceaux de 1 cm
- 400g de lentilles en boîte, égouttées, rincées
- 150 g de tomates semi-séchées, hachées grossièrement
- 1/2 tasse de feuilles de basilic frais hachées grossièrement
- 1/4 tasse de jus de citron
- quartiers de citron, pour servir

MÉTHODE

1. Placer le poulet, zeste de citron, thym, ail et 1 cuillère à soupe d'huile dans un bol. Mélanger pour combiner. Couvrir et réfrigérer 30 minutes, si le temps le permet. Enfiler le poulet sur des brochettes.

2. Mélanger la citrouille dans 2 cuillères à café d'huile. Chauffer une plaque de barbecue graissée ou un gril à feu moyen-élevé. Cuire les brochettes 3 minutes de chaque côté. Ajouter la citrouille. Cuire de 2 à 3 minutes ou jusqu'à ce que la citrouille soit dorée et le poulet bien cuit. Retirer dans une assiette.

3. Placer les lentilles, les tomates, le basilic et le potiron dans un bol. Ajouter le jus de citron et le reste de l'huile. Mélanger doucement pour combiner. Servir les brochettes avec le mélange de lentilles et les quartiers de citron.

Risotto au poulet et à la betterave argentée

Préparation : 10 min / Cuisson : 50 min / Portions : 4

INGREDIENTS

- 1 cuillère à soupe d'huile d'olive
- 2 (500g) filets de poitrine de poulet Steggles, coupés en cubes de 2 cm
- 1 petit oignon brun, haché finement
- 2 gousses d'ail, écrasées
- 1 cuillère à soupe de feuilles de thym citronné frais
- 200 g de champignons suisses bruns, tranchés finement
- 1 1/2 tasse d'orge perlée
- 1/2 tasse de vin blanc sec (facultatif)
- 2 tasses de bouillon liquide de style poulet à teneur réduite en sel Massel
- 1/2 botte (80g) de betteraves argentées, parées, hachées finement
- 1/4 tasse de parmesan finement râpé

MÉTHODE

1. Faire chauffer la moitié de l'huile dans une grande casserole à fond épais à feu moyen-élevé. Cuire le poulet, en remuant, pendant 2 à 3 minutes ou jusqu'à ce qu'il soit doré et à peine cuit. Transférer dans un bol. Couvrir de papier d'aluminium pour garder au chaud.

2. Faire chauffer le reste de l'huile dans la poêle. Ajouter l'oignon, l'ail et le thym. Cuire, en remuant, de 2 à 3 minutes ou jusqu'à ce qu'ils ramollissent. Ajouter les champignons. Cuire, en remuant, de 2 à 3 minutes ou jusqu'à ce que les champignons soient tendres. Ajouter de l'orge. Cuire, en remuant, pendant 1 minute ou jusqu'à ce qu'il soit enrobé. Ajouter du vin (si utilisé). Laisser mijoter pendant 3 minutes ou jusqu'à ce qu'il soit presque évaporé.

3. Ajouter le bouillon et 1 1/4 tasse d'eau froide. Couverture. Porter à ébullition. Réduire le feu à doux. Laisser mijoter à couvert pendant 25 minutes ou jusqu'à ce que l'orge soit presque tendre. Retirez le couvercle. Laisser mijoter 10 minutes ou jusqu'à ce que l'orge soit tendre. Ajouter la betterave et le poulet. Cuire, en remuant de temps en temps, de 2 à 3 minutes ou jusqu'à ce que les betteraves argentées soient flétries et que le poulet soit bien chaud. Incorporer le parmesan. Assaisonner de poivre. Servir.

Tajine de poulet à faible IG avec patate douce et gingembre

Préparation : 20 min / Cuisson : 45 min / Portions : 4

INGREDIENTS

- 1 cuillère à soupe d'huile d'olive
- 600 g de filets de cuisse de poulet, parés, coupés en deux
- 1 oignon brun moyen, tranché
- 2 gousses d'ail, hachées
- morceau de 4 cm de gingembre frais, pelé, râpé
- 1 cuillère à café de cumin moulu
- 1 cc de coriandre moulue
- 1/2 cuillère à café de cannelle moulue
- 250 g de patates douces, coupées en quartiers, hachées
- 1 carotte moyenne, pelée, coupée en tranches de 1 cm d'épaisseur
- 2 tasses de bouillon liquide de style poulet à teneur réduite en sel Massel
- 1 tasse de quinoa
- 1 cuillère à café de miel
- 1/2 tasse de feuilles de coriandre fraîche, hachées

MÉTHODE

1. Préchauffer le four à 180°C/160°C chaleur tournante. Faire chauffer la moitié de l'huile dans une grande cocotte à fond épais et ignifuge à feu moyen. Cuire le poulet, par lots, de 3 à 4 minutes ou jusqu'à ce qu'il soit doré. Transférer dans une assiette.

2. Faire chauffer le reste de l'huile dans la poêle. Ajouter l'oignon. Cuire, en remuant, pendant 5 minutes ou jusqu'à ce qu'ils ramollissent. Ajouter l'ail, le gingembre, le cumin, la coriandre et la cannelle. Cuire 1 minute ou jusqu'à ce qu'il soit parfumé.

3. Ajouter la patate douce et la carotte. Remuer pour enrober. Ajouter le poulet et le bouillon. Couverture. Cuire au four pendant 30 minutes ou jusqu'à ce que les légumes soient tendres et le poulet bien cuit.

4. Pendant ce temps, mettre le quinoa et 2 tasses d'eau froide dans une grande casserole à feu moyen-élevé. Porter à ébullition. Réduire le feu à doux. Laisser mijoter, couvert, en remuant de temps en temps, pendant 10 minutes ou jusqu'à ce qu'il soit juste tendre. Retirer du feu. Réserver, couvert, pendant 10 minutes.

5. Incorporer le miel et la coriandre au mélange de poulet. Assaisonner de poivre. Servir avec du quinoa.

Chapitre 7

Recettes de Légumes

Boulgour, salade de tomates et de haricots dans des tasses de laitue

Préparation : 20 min / Portions : 4

INGREDIENTS

- 1/4 tasse (40g) de Boulgour (blé concassé)
- 200 g de tomates raisins, tranchées finement
- 2 oignons à salade, tranchés finement
- 2 cuillères à soupe de feuilles de menthe grossièrement hachées
- 1/2 tasse de cerfeuil ou de persil plat haché grossièrement
- 2 cuillères à soupe de jus de citron
- 2 ccs d'huile d'olive
- 400 g de fèves de soja en boîte, rincées, égouttées
- 4 grandes feuilles de laitue beurrent

METHODE

1. Placer le bourgeois dans un bol, verser plus de 1/2 tasse (125 ml) d'eau bouillante et laisser tremper pendant 10 minutes. Bien égoutter, puis utiliser vos mains pour éliminer l'excès d'humidité.

2. Placer le Boulgour, dans un grand bol avec les tomates, l'oignon, la menthe, le cerfeuil ou le persil, le jus de citron, l'huile et les haricots. Assaisonner au goût avec du sel et du poivre, puis bien mélanger. Placez une feuille de laitue sur chaque assiette, versez le mélange de Boulgour sur le dessus et servez.

Salade de céleri, roquette et poire avec vinaigrette au bleu

Préparation : 15 min / Portions : 4

INGREDIENTS

- 2 ccs de vinaigre de vin blanc
- 1 cc de moutarde de Dijon
- 80g de fromage bleu à pâte molle, haché grossièrement
- 80 ml (1/3 tasse) de babeurre
- 1/2 tasse de feuilles de céleri jaune pâle
- 3 bâtonnets de céleri, extrémités parées, tranchés finement
- 80g de feuilles de roquette, extrémités coupées
- 1 grosse poire, coupée en quartiers, épépinée, tranchée finement
- 35 g (1/3 tasse) de noix, hachées grossièrement

METHODE

1. Placer le vinaigre, la moutarde, le fromage bleu et 60 ml (1/4 tasse) de babeurre dans le bol d'un robot culinaire et mélanger jusqu'à ce que le tout soit bien mélangé. Transférer dans un petit bol. Incorporer le babeurre restant et assaisonner de poivre.

2. Placer les feuilles de céleri, le céleri, la roquette, la poire et les noix dans un grand bol et mélanger délicatement jusqu'à ce qu'ils soient tout juste combiné.

3. Répartir la salade de céleri dans des bols de service. Arroser de vinaigrette pour servir.

Patate douce au barbecue avec vinaigrette gremolata

Préparation : 10 min / Cuisson : 10 min / Portions : 8

INGRÉDIENTS

- 2 petites patates douces orange, pelées, coupées en rondelles de 1 cm d'épaisseur
- 2 cuillères à soupe d'huile d'olive extra vierge
- 1/3 tasse de feuilles de persil plat frais, hachées
- 1 cuillère à soupe de feuilles de thym citronné frais
- 2 gousses d'ail, hachées finement
- 1 cuillère à café de zeste de citron finement râpé
- 2 cuillères à soupe de jus de citron

MÉTHODE

1. Mélanger la pomme de terre et la 1/2 de l'huile dans un bol moyen. Assaisonnez avec du sel et du poivre.

2. Préchauffer un barbecue à feu moyen-élevé. Cuire la pomme de terre, en la retournant, pendant 5 à 7 minutes ou jusqu'à ce qu'elle soit tendre et carbonisée.

3. Pendant ce temps, mélanger le persil, le thym, l'ail, le zeste de citron, le jus de citron et le reste de l'huile dans un grand bol. Ajouter la pomme de terre. Mélanger doucement pour combiner. Servi

Aubergines farcies à la bolognaise

__Préparation : 15 min / Cuisson : 1h 10 min / Portions : 8__

INGREDIENTS

- 4 (500g chacune) aubergines
- Aérosol de cuisson à l'huile d'olive
- 2/3 tasse de feuilles de basilic frais râpées
- 1 tasse de parmesan râpé
- Petites feuilles de basilic frais, pour servir
- Bolognaise
- 2 cuillères à soupe d'huile d'olive
- 2 oignons bruns moyens, hachés finement
- 3 gousses d'ail, écrasées
- 1 grosse carotte, hachée finement
- 1 gros poivron rouge, haché finement
- 2 branches de céleri, hachées finement
- 750 g de boeuf haché
- 2 boîtes de 400g de tomates en dés
- 3/4 tasse de bouillon de boeuf Massel
- 2 cuillères à soupe de concentré de tomate

METHODE

1. Préparez une bolognaise : faites chauffer l'huile dans une grande casserole à feu moyen. Ajouter l'oignon, l'ail, la carotte, le poivron et le céleri. Cuire, en remuant, pendant 5 minutes ou jusqu'à ce que l'oignon ait ramolli. Ajouter le hachis. Cuire, en remuant avec une cuillère en bois pour briser le hachis, pendant 5 minutes ou jusqu'à ce qu'il soit doré.

2. Ajouter les tomates, le bouillon et la pâte. Porter à ébullition. Réduire le feu à doux. Laisser mijoter, couvert, pendant 30 minutes. Retirez le couvercle. Laisser mijoter de 20 à 25 minutes ou jusqu'à épaississement.

3. Pendant ce temps, préchauffer le four à 200°C/180°C chaleur tournante. Tapisser une plaque à pâtisserie de papier cuisson. Piquer l'aubergine plusieurs fois avec une fourchette. Vaporiser partout avec de l'huile. Placer sur le plateau préparé. Cuire au four pendant 40 minutes ou jusqu'à tendreté. Refroidir légèrement.

4. Couper les aubergines en deux dans le sens de la longueur. À l'aide d'une cuillère, prélever la chair des moitiés d'aubergine en laissant un bord de 1 cm. Hacher finement.

5. Mélanger la bolognaise, le basilic râpé et les aubergines hachées dans un bol moyen. Placer les moitiés d'aubergines sur une plaque à pâtisserie. Verser le mélange bolognaise dans les aubergines. Saupoudrer de parmesan. Cuire au four pendant 20 minutes ou jusqu'à ce que le tout soit chaud. Servir parsemé de feuilles de basilic.

Salade de betteraves, haricots et noisettes avec vinaigrette au raifort

Préparation : 10 min / Portions : 4

INGREDIENTS

- 1/2 tasse de noisettes grillées à sec, hachées grossièrement
- 1/2 petit oignon rouge, tranché finement
- 420 g de haricots cannellini en boîte, égouttés, rincés
- 60 g de pousses d'épinards
- 450 g de betteraves entières en conserve, égouttées, coupées en quartiers
- 340 g d'asperges marinées

Vinaigrette au raifort

- 1 cuillère à soupe de crème de raifort
- 1 cuillère à soupe d'huile d'olive
- 1 cuillère à soupe de vinaigre de vin rouge

METHODE

1. Faire la vinaigrette : mettre la crème de raifort, l'huile et le vinaigre dans un bol. À l'aide d'une fourchette, fouetter pour combiner.

2. Préparez la salade : placez les noisettes, l'oignon, les haricots et les épinards dans un grand bol. Assaisonnez avec du sel et du poivre. Mélanger pour combiner. Répartir entre les assiettes.

3. Garnir de betteraves et d'asperges. Arroser de vinaigrette. Servir.

Sauté de légumes croquants à la sauce d'huîtres

Préparation : 15 min / Cuisson : 05 min / Portions : 4

INGREDIENTS

- 1 1/2 cuillère à soupe d'huile de tournesol
- 2 gousses d'ail, tranchées finement
- 4 oignons nouveaux, coupés en tronçons de 3 cm
- 2 bouquets de brocoli, tiges parées, coupées en deux dans le sens de la longueur
- 1 botte d'asperges, extrémités parées, coupées en deux
- 200 g de pois mange-tout, parés
- 4 petites courgettes, coupées en morceaux
- 1/3 tasse (80 ml) de sauce aux huîtres
- 1/3 tasse de coriandre hachée grossièrement
- 1 long piment rouge, tranché finement
- Quartiers de lime, pour servir

METHODE

1. Chauffer l'huile dans un wok à feu vif. Faire revenir l'ail et la ciboule pendant 30 secondes. Ajouter le brocoli, les asperges, les pois mange-tout et les courgettes, puis faire sauter pendant 1 minute. Ajouter 1/4 tasse (60 ml) d'eau tiède et faire sauter pendant 2 minutes jusqu'à ce que les légumes soient verts vif et presque tendres. Ajouter la sauce aux huîtres, la coriandre hachée et le piment tranché, puis faire sauter pendant 30 secondes supplémentaires ou jusqu'à ce que le tout soit bien chaud. Servir immédiatement, avec des quartiers de lime à presser.

Bouillon gingembre et champignons (pour bateau à vapeur)

Préparation : 10 min / Cuisson : 10 min / Portions : 6

INGREDIENTS

- 2L (8 tasses) de bouillon de légumes Massel
- 5 cm de gingembre frais, pelé, tranché
- 6 échalotes, extrémités parées, coupées en tronçons de 6 cm
- 6 champignons shiitake séchés
- 600g de nouilles hokkien
- Calamars et crevettes Salt 'n' Pepper, pour servir
- Poulet aux huîtres, pour servir
- Bœuf à la coriandre, pour servir
- Mélange de légumes asiatiques, pour servir
- Trempette aux arachides, pour servir
- Trempette gingembre-soja, pour servir
- Sambal oelek, pour servir

METHODE

1. Faites mijoter le bouillon, le gingembre, l'échalote et les champignons dans un bateau à vapeur ou un wok électrique. Cuire à couvert pendant 10 minutes.
2. Pendant ce temps, cuire les nouilles dans une casserole d'eau bouillante pendant 2 minutes ou jusqu'à ce qu'elles soient tendres. Égoutter.
3. Servir le bouillon avec les nouilles, les fruits de mer, le poulet, le bœuf, les légumes et les sauces.

Soupe à l'agneau, à l'orge et aux légumes

Préparation : 25 min / Cuisson : 1h 35 min / Portions : 4

INGREDIENTS

- 750 g de côtelettes d'agneau, parées
- 3 tasses de bouillon liquide stylent poulet Massel
- 3/4 tasse d'orge perlée, rincé
- 400g de tomates en dés
- 2 brins de thym frais
- 1 poireau moyen, paré, tranché finement
- 2 petites carottes coupées en morceaux de 1 cm
- 2 branches de céleri, coupées en morceaux de 1 cm
- 2 pommes de terre moyennes, pelées, coupées en morceaux de 1 cm
- 3/4 tasse de feuilles de persil plat frais hachées, plus un peu plus pour servir

METHODE

1. Placer l'agneau, le bouillon, l'orge, les tomates, le thym et 5 tasses d'eau dans une grande casserole à feu moyen-élevé. Porter à ébullition. Réduire le feu à doux. Laisser mijoter à couvert pendant 1 heure en écumant le gras de la surface si nécessaire.

2. Ajouter le poireau, la carotte, le céleri et la pomme de terre. Laisser mijoter à couvert pendant 25 à 30 minutes ou jusqu'à ce que les légumes soient tendres. Retirer du feu.

3. À l'aide de pinces ou d'une écumoire, retirer l'agneau et réserver pendant 10 minutes ou jusqu'à ce qu'il ait suffisamment refroidi pour être manipulé. Retirer et jeter les os. Râper grossièrement l'agneau.

4. Remettre l'agneau dans la soupe. Assaisonnez avec du sel et du poivre. Laisser mijoter 5 minutes ou jusqu'à ce que le tout soit chaud . Incorporer le persil. Servir garni de persil supplémentaire.

Légumes farcis à l'agneau, feta et menthe

Préparation : 15 min / Cuisson : 45 min / Portions : 4

INGREDIENTS

- 200g de bourgogne
- 300g de viande hachée d'agneau maigre
- 4 grosses courgettes, coupées en deux dans le sens de la longueur
- 4 grosses tomates
- 6 échalotes vertes, extrémités parées, tranchées finement

- 75 g de feta faible en gras, émiettée
- 1 cuillère à soupe de menthe fraîche hachée finement
- 1 cuillère à café de zeste de citron finement râpé
- 1 cuillère à café de cannelle moulue

METHODE

1. Placer le bourgeois dans un grand bol résistant à la chaleur. Couvrir d'eau bouillante. Réserver 15 minutes ou jusqu'à tendreté. Égoutter. Placez le boulgour dans une passoire fine et utilisez le dos d'une cuillère pour essorer l'excès d'humidité. Retournez dans le bol.

2. Faites chauffer une grande poêle antiadhésive à feu vif. Ajouter le hachis et cuire, en remuant avec une cuillère en bois pour briser les grumeaux, pendant 6 minutes ou jusqu'à ce qu'ils soient dorés. Égoutter tout excès de graisse. Réserver au frais.

3. Préchauffer le four à 180°C. Tapisser une grande plaque à pâtisserie de papier sulfurisé antiadhésif. À l'aide d'une cuillère à café, retirez la chair des courgettes en laissant une bordure de 1 cm d'épaisseur sur les bords. Jeter la chair. Utilisez un petit couteau tranchant pour couper le dessus des tomates et jetez-les. Utilisez une cuillère à café pour retirer la chair des tomates, en laissant une bordure de 1 cm d'épaisseur sur les bords. Réservez la chair. Placer les coquilles de tomates et de courgettes sur le plateau tapissé.

4. Ajouter la chair de tomate réservée, le hachis, l'échalote, la feta, la menthe, le zeste de citron et la cannelle au boulgour et remuer jusqu'à homogénéité. Assaisonnez avec du sel et du poivre.

5. Répartir uniformément le mélange de boulgour parmi les coquilles de tomates et de courgettes. Cuire au four 35 minutes ou jusqu'à ce que les coquilles de courgettes et de tomates soient tendres et que la farce soit dorée. Servir.

Soupe à l'oignon française

Préparation : 15 min / Cuisson : 1h 05 min / Portions : 4

INGREDIENTS

- 1 cuillère à soupe d'huile d'olive
- 4 gros (650 g) oignons bruns, coupés en deux, tranchés finement
- 1 feuille de laurier séchée
- 4 brins de thym frais
- 2 cuillères à café de cassonade
- 2 ccs de vinaigre balsamique
- 1 cuillère à soupe de vin rouge
- 2 gousses d'ail, écrasées

- 4 tasses de bouillon liquide style bœuf Massel
- 1/4 tasse d'orge perlée
- Croûtons au fromage
- 1/4 tasse de fromage mozzarella râpé allégé
- 1 cuillère à soupe de parmesan finement râpé
- 4 tranches de pain complet

METHODE

1. Chauffer l'huile dans une grande casserole à fond épais à feu moyen-doux. Cuire les oignons, en remuant de temps en temps, pendant 20 minutes ou jusqu'à ce qu'ils ramollissent. Ajouter le laurier, le thym, le sucre, le vinaigre et le vin. Cuire, en remuant de temps en temps, pendant 10 minutes ou jusqu'à ce que les oignons soient dorés et caramélisés.

2. Ajouter l'ail au mélange d'oignons. Cuire, en remuant, pendant 2 minutes ou jusqu'à ce qu'il soit parfumé. Ajouter le bouillon, l'orge et 2 1/2 tasses d'eau froide. Porter à ébullition. Réduire le feu à doux. Laisser mijoter, en remuant de temps en temps, pendant 30 minutes ou jusqu'à ce que légèrement épaissi et réduit. Assaisonner de poivre. Retirer et jeter le laurier et le thym.

3. Faire des croûtons Préchauffer le gril à feu moyen-élevé. Tapisser une plaque à pâtisserie de papier d'aluminium. Mélanger les fromages dans un bol. Assaisonner de poivre. A l'aide d'un emporte-pièce rond de 8 cm, découpez 4 ronds de pain. Placer les ronds sur le plateau préparé. Griller de 1 à 2 minutes ou jusqu'à ce qu'elles soient légèrement dorées. Retirer du gril. Retournez le pain. Garnir du mélange de fromage. Griller de 1 à 2 minutes ou jusqu'à ce que le fromage soit doré et fondu.

4. Servir la soupe avec des croûtons.

Printed by Amazon Italia Logistica S.r.l.
Torrazza Piemonte (TO), Italy

52031117R00085